CB063126

TETA TEKOHA

ẼG TỸ, ẼG JYKR.E TÓ, VẼSÓG KI

Copyright © 2020 Tiago Pỹn Tánh de Almeida e Alexandro da Silva Nhandewa (Orgs.)

Todos os direitos reservados a Fiocruz e protegidos pela Lei nº 9.610, de 19.2.1998. É proibida a reprodução total ou parcial sem a expressa anuência da editora.

Direção editorial
Lizandra Magon de Almeida

Coordenação editorial
Luana Balthazar

Organização do Projeto Palavra Indígena
Flávia Angelo Verceze
Marina Miyazaki Araújo
Vivian Karina da Silva

Revisão
Equipe Pólen

Projeto gráfico, diagramação e arte da capa
Tiago Silvestre Cabola

Ilustrações e fotos
Autores / Tiago Silvestre Cabola

Dados Internacionais de Catalogação na Publicação (CIP)
Angélica Ilacqua CRB-8/7057

Tetã Tekoha / organização de Alexandro da Silva Nhandewa e Tiago Pỹn Tánh de Almeida. – São Paulo : Pólen, 2020. 96 p. : il.

ISBN 978-65-5094-008-9

1. Índios Guarani - Brasil 2. Índios Guarani - Narrativas pessoais 3. Cultura indígena 4. Índios Guarani - Identidade étnica 5. Resgate étnico - Índios Guarani I. Nhandewa, Alexandro da Silva II. Almeida, Tiago Pỹn Tánh de

20-1505   CDD 980.41

Índices para catálogo sistemático:
1. Índios Guarani - Brasil - Narrativas pessoais

Pólen

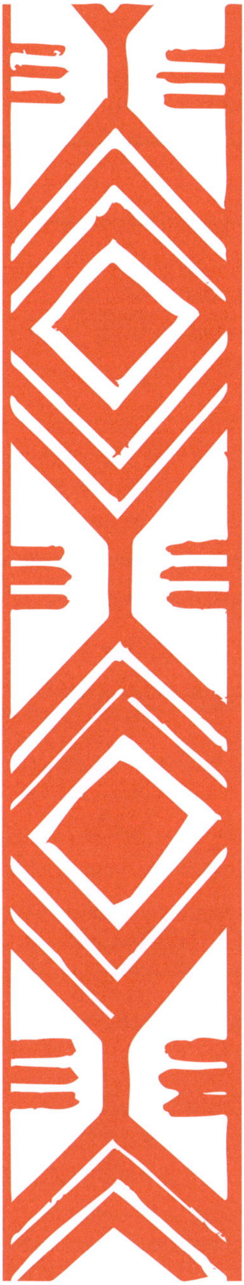

Prazer, Guarani Nhandeva
Tem uma voz que há muito tempo
Ecoa dentro de mim
Uma voz não, um grito
Um grito de dor,
Um grito de luto,
Um grito luta,
Um grito de resistência

Quando você chegou aqui,
Nesse chão, nessa terra
Eu já estava aqui
E você com a mentira no olhar
e o ódio no coração
Me roubou, me escravizou
e me matou
E depois disso me jogou na miséria
e me fez acreditar que ali era
o meu lugar
Então eu sonhei,
Sonhei com Nhanderu,
sonhei com meus encantados
E de lá, lá da terra dos sonhos renasci
Renasci, não como aquele que você roubou,
escravizou e matou.
Mas sim como um guerreiro,
Guerreiro Guarani,
Guerreiro Nhandewa
Guerreiro como Ajuricaba, Angelo kretã,
Cacique Veron, Marçal Tupã'i

Há e aquele grito agora eu posso ouvi-lo perfeitamente
E você quer saber o que ele me diz?
"JÁ'É NHANDE PE. JAJE'OÍ TENONDE PE"
Ah, você não entendeu
Tá certo, eu traduzo:
"DIGA AO POVO QUE AVANCE. AVANÇAREMOS"

Ah, e agora eu também posso entender o porquê de você ter feito
Tudo o que fez comigo
Não foi por me achar inferior a você
Não foi por ter ódio de mim
Mas foi por medo
Medo do que eu poderia me tornar
Porém, eu tenho uma coisa a te falar
O seu pior pesadelo se tornou realidade
Nós voltamos, nós ainda estamos voltando
E cada vez seremos mais e mais
E nós nos tornaremos tantos que você não mais
Conseguirá nos subjugar com o estralar do seu chicote

E é por isso que hoje eu grito
Grito e grito o mais alto que conseguir
O mais alto que posso
E rezo para Nhanderu que esse grito ecoe por mil anos
Para que todos os meus possam ouvi-lo
DIGA AO POVO QUE AVANCE.
AVANÇAREMOS!

Elon Lucas Jacintho

A menina vivia livre
Corria de pés descalços
Sobre a terra tombada
Brincava de boneca que a mãe fazia com um macarrão velho
Brincava de bolinha de gude, pipa e carrinho com seu irmão
O pai ficava bravo que dava até uns puxões de orelha
Mas, no outro dia, estava lá novamente, tudo de novo
Isso quando não se reunia os amiguinhos da comunidade para brincarem de esconde-esconde
À noite, sabe aquela linda lua cheia?
E a escola então? Que saudade. Das gincanas, dos dias que a professora reunia alunos e pais para assistirem filmes, quanta gente!
Com o passar do tempo algumas coisas foram mudando, todos crescendo e estudando longe de casa
Vinte seis quilômetros andando todos os dias!
Mas, todo esse esforço era compensado pelas conversas e muitos risos com os amigos, quase que uma diversão
Sem contar os dias que reunia a avó, o pai e a mãe,
todos os irmãos na beira do fogão sob a luz do lampião
para contar as histórias que muitas das vezes quando ia dormir cobria a cabeça de tanto medo
Mas sempre que se reuniam, lá estavam as crianças da casa pedindo de novo...

Eliane Cordeiro

Sobre o Título do Livro

Pensar o título do nosso livro foi uma tarefa difícil. Surgiram tantas idéias e não sabíamos como juntar tudo. Pensamos na nossa trajetória desde a infância até nossa vinda para a cidade grande, para estudar.

Deixar nossa terra, ficar longe de nossa parentela, a saída de nossas casas e todas as mudanças e adaptações que tivemos que enfrentar não foram e não são fáceis. Tudo para realizar o nosso sonho, o sonho da nossa família, o sonho das nossas lideranças, o sonho de nossos antepassados. E como é doloroso estar longe dos nossos...

Tantos momentos de tristezas e de alegrias. As decisões difíceis que tivemos que tomar. As decepções sofridas, a pressão que levaram alguns de nós a desistência e abandono dos tão almejados cursos. A insensibilidade e incompreensão de alguns professores, a falta de recursos financeiros, a solidão, o preconceito, a discriminação dentro e fora das salas de aula. A saudade apertando no peito. Os perigos da cidade grande. As doenças que até ceifaram a vida de alguns irmãos. Relembrando aqui, dos companheiros de luta que fomos perdendo nesse percurso, como nossa saudosa irmã Jandira Grisanh Felisbino, Kanhgág e também nosso irmão Leonardo Vargas, Kanhgág, que teve seu sonho interrompido pelo destino, não podendo concluir se precioso curso de medicina. Dedicamos esse livro a vocês guerreiros, que se foram tão cedo e nos deixaram a tarefa de honrá-los e torná-los vitoriosos em cada estudante indígena que conclui seus cursos e voltam para sua terra com seus diplomas nas mãos.

Queríamos um título que resumisse essa trajetória entre a cidade e aldeia. Um título que representasse um pouco da história de nossas vivências, e que no entrelaçar dessas vivências estariam todas as nossas angustias, lutas, resistências e desafios para sobreviver neste novo mundo sem perder a nossa identidade indígena. Com o desejo de retornarmos para nossa terra ao fim da jornada.

Como na UEL, somos estudantes das etnias Kanhgág e Guarani, optamos por juntar as duas línguas para dar nome nosso livro. A princípio, havíamos decidido que ficaria: EMÃ TEKOHA (que significa Cidade – Aldeia) NOSSA HISTÓRIA CONTADA POR NÓS MESMOS. Mas alguém já havia publicado um livro com esse título, o que nos deixou bastante decepcionados (pois o autor não é indígena). Então, após pensarmos mais um pouco, conseguimos outro nome e que ficou muito lindo, pois é escrito em Guarani e Kanhgág: TETÃ -TEKOHA (Cidade-Aldeia): ẼG TỸ, ẼG JYKRE TÓ, VẼSÓG KI (Nossa história contada por nós mesmos).

SUMÁRIO

- **14** **NOSSA HISTÓRIA NÓS CONHECEMOS**
  Alexandro da Silva Nhandewa

- **20** **CHE NHẼ'Ẽ MI, CHEREKO REGUA**
  (Minha escrita sobre meu modo de ser)
  Ana Lúcia Ortiz Martins Kunha Yvoty

- **28** **SER MÃE E MULHER INDÍGENA**
  Débora Silva

- **32** **POUCO DO QUE SOU, MUITO DO QUE EXPRESSO**
  Felipe Zamboni

- **38** **MINHA HISTÓRIA, MINHA ESSÊNCIA**
  Jaqueline de Paula Sabino

- **46** **YMA GUARE CHE NAẼ'Ẽ RUPI**
  Minha história através da minha escrita
  Rodrigo Luis Tupã

- **58** **NẼN'GA AG KÃME**
  História dos Donos da Floresta
  Tiago Pỹn Tánh de Almeida

- **64** **DJATSU PORÃ**
  Uerique Gabriel Matias

- **68** **TXERERY NIMBOAWY - TXERE'YI RETA, NHANDEREKO**
  Valéria Lourenço Jancintho

- **90** **VIDA, SANGUE E ALMA DE UM KAINGANG/FULNI-Ô**
  Yago Junio dos Santos Queiroz

- **94** **SOBRE O PROJETO PALAVRA INDÍGENA**

ALEXANDRO DA SILVA NHANDEWA
NOSSA HISTÓRIA NÓS CONHECEMOS

CHERERY ARAHAVA
(Guarani Nhandeva)
O NOME QUE CARREGO

Não se trata de por somente o nome, se trata de trazer no nome uma história, se trata de saber de onde se veio.

Se Nhandeva significa "nosso povo", então meu nome significa que trago comigo um povo muito antigo, com muita ancestralidade gravada. A responsabilidade de ter nome em guarani ultrapassa a lógica do não indígena. O nome não se inventa, o nome tem uma ligação direta com Nhanderu, ele se revela ao txamoi num ritual, ou seja, o nome é tirado da nossa alma. Diria que é uma centelha do que nós somos.

Nome é a identidade da nossa alma. Não tem igual, eu compreendo comigo que o nome é como se fosse uma chave que me deram para eu entrar em algum lugar. Faz muito sentido isso quando se pensa que o guarani vem de uma longa caminhada à procura da terra sem mal, então diriam que meu nome Awa Tapé Mirim é legado do meu povo, é minha centelha tirada dos Nhandeva, portanto é chave para eu entrar na terra sem mal, é pelo meu nome que os meus irão me conhecer.

Olhar para meu passado e ver as reflexões que faço hoje sobre o que me tornei explica muito do que é essência indígena. As minhas vivências na universidade me fizeram a cada dia me autoafirmar mais, pelo simples fato de saber que estou aqui neste lugar, e só estou continuando uma luta que herdei dos meus antepassados. E em cima dessas saudosas memórias que procuro viver, a universidade é uma honra. Sempre vivi na aldeia e o sofrimento que tenho na universidade só me faz crer que estou no caminho certo para ajudar meu povo indígena.

Cada etapa vivida sinto que é uma vitória para nosso povo, os professores, advogados, médicos e cientistas políticos – será nossa nova forma de lutar e resistir. O amor que tenho pelo meu povo e o orgulho que sinto de ter nascido indígena me fazem ver que essa luta não será em vão. E cada indígena que vem para a universidade é uma vitória para nós, povos indígenas.

Imagem indígena

O imaginário ideal do que é indígena nos dias atuais continua sendo o mesmo daquele de 1.500 anos atrás. A visão colonizadora sobre os povos indígenas, por incrível que pareça, não foi superada, ou os não indígenas não reconheceram que os povos indígenas também têm o direito de mudar. Mudar não no sentido de deixar seu arcabouço cultural, mas de agregar e ressignificar muitas das coisas do não indígena e dar sentido a elas dentro da nossa cultura.

Falar que é indígena é ser questionado de por que você está aqui. E se temos o direito de estar aqui no meio da dita sociedade civilizada. Mas não é essa sociedade que diz que os indígenas precisam evoluir?

Nesse sentido, me vem uma reflexão e uma pergunta. Quando estamos nas comunidades somos indígenas, com a cultura bonita, mas quando saímos e vamos para a cidade ocupar a universidade e cargos públicos, começamos a incomodar os não indígenas, que usam argumentos como: "Você não é mais indígena porque usa celular, tem carro e fala o português". Aí vem a pergunta: "Qual é o lugar do indígena segundo a visão do não indígena"?

Somos bons e passivos quando estamos dentro da aldeia e quando reivindicamos melhorias para nossas comunidades deixamos de ser índios, porque queremos demais. Ou seja, o não indígena tem mania de achar ou criar muitas coisas e por diversas vezes classificar a humanidade. É desse modo que eles querem rotular como é ser indígena e não indígena.

É como se o indígena não soubesse o que é ser indígena, isto é, mesmo que estejamos na universidade, onde for, a identidade indígena é o que prevalece.

Indígenas, as sementes ancestrais

Não nascemos em 1500, nós já estávamos aqui. O Brasil não foi descoberto em 1500, foi invadido. O colonizador, quando invadiu, falou "terra à vista", não falou "lá tem pessoas". Nesse dia começou a árdua vida dos indígenas, a luta de gigantes contra os pequenos. Começou a cultura eurocêntrica versus a cultura do atrasado. Começou a religião certa versus a religião errada. Começou a luta da língua errada versus a língua certa.
Só não contamos que a resistência vem do espírito. Então posso dizer que jamais vencerão nós, indígenas, pois somos sementes ancestrais desta terra.

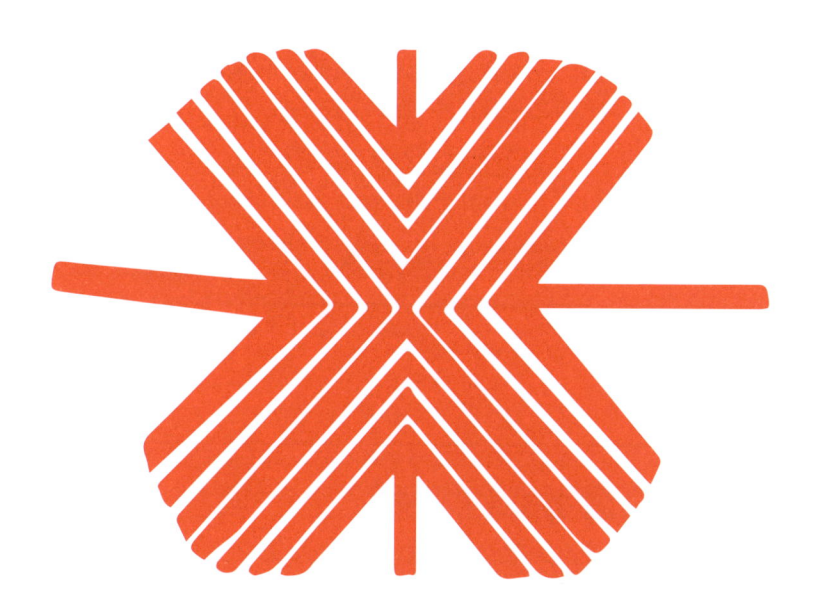

Aos eternos e grandes líderes indígenas

A sua luta é minha agora, sua família é minha família, seu sangue é meu sangue, sua pintura é minha pintura.

Seus corpos cansados das lutas lendárias se foram, mas seus espíritos estão aqui com a gente.

A sua memória é minha memória, passarei todas elas para os meus, não esqueceremos nunca de vocês.

Agradeço vocês por serem os escudos de Nhanderu aqui na terra.

Saibam que, como indígena, jamais me esquecerei das suas lutas, lutas essas que foram batalhas mais duras que essas que enfrentamos hoje, seus corpos foram escudos para que nós estivéssemos hoje aqui com vida.

Agradeço vocês, nasci nos dias de hoje, mas daria tudo para voltar ao passado, para dar um abraço em cada um de vocês. Espero ser digno um dia, para apenas apertar suas mãos.

Obrigado, grandes guerreiros, tenho saudades de vocês.

ALEXANDRO DA SILVA NHANDEWA

ANA LUCIA ORTIZ M. KUNHA YVOTY
CHE NHẽ'ẽ MI CHEREKO REGUA

CHERERY ARAHAVA
(Guarani)

O NOME QUE CARREGO

Aju ko raí'rupi amombeu pokâmi cherera rehegua, Ana Lucia Juruá nhẽ'ẽpe, kunha yvoty nhaneretãrã'kuerape, pe chererá cheramoí ome'e va'ekue cheve, rerá haete kãnguí'mi, há oguereko tuixa angá mbarete xondaria.

Cherenhoí há akakua'á tekohape, ahendu jeroky há nhembo'e chamoí kuera gui, há umia chemo' arandu ore lutare guarani kuerare, cheramoí nomee'î cheve chererante ome'e vaekue cheve orerekoite rehegua, areko cherera avate'eva

Venho através desta escrita falar um pouco do nome que carrego, Ana Lúcia na língua dos brancos, Kunha Yvoty em guarani (menina flor), nome dado por meu avô. O nome parece frágil, mas carrega alma de uma guerreira.

Nasci e cresci na terra indígena, ouvindo a dança e a reza dos mais velhos (chamoí), sempre consciente da luta do meu povo guarani. Meu avô não me deu somente o nome que carrego, mas a pele que eu visto todos os dias, carregando

há há petêi mbarete kunha mbaeva. Cherehe areko mbarete yma guareva, há iluta kuera ndohassa'rei môaî, oi guivé avate'ê orekoa angá xondaria.

o nome indígena e a força de uma mulher. Em mim habita a força do meu antepassado, as lutas deles não serão em vão enquanto houver uma indígena com a alma de uma guerreira.

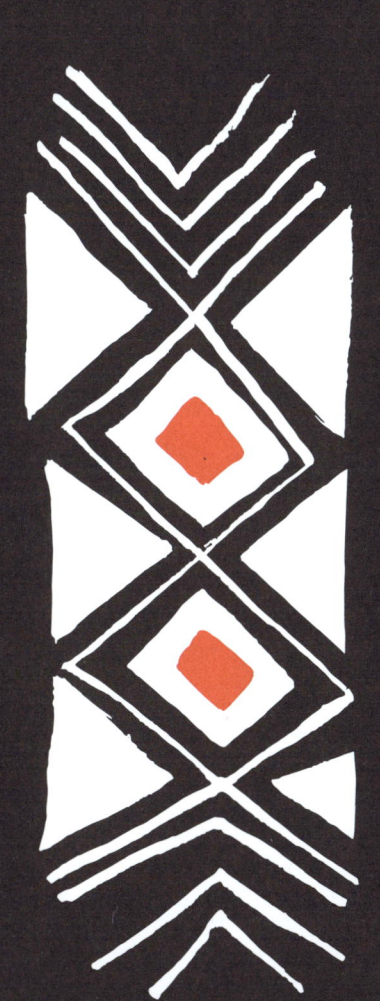

"TETÃ TEKOHA : ẼG TỸ, ẼG JYKRE TÓ, VẼSÓG KI"

Aldeia (Tekohape)

Na aldeia me sinto livre como um pássaro
só não posso voar
Mas podia correr, subir nas árvores,
cantar junto com os pássaros
Observava pássaros todos felizes na mata perto da minha casa,
cuidando dos seus ninhos,
depois podia sair correndo descalça em direção ao rio para tomar banho
a água é cristalina, posso até pegar o peixinho,
mas era melhor observar eles nadando, todos felizes.

Cidade

Na cidade me sinto como um pássaro, engaiolada,
não posso voar, muito menos correr!
Subir nas árvores, cantar com pássaros, gostaria, mas não posso!
Estranho...
Agora observo o muro ao redor da minha casa,
Pássaro engaiolado que deveria estar livre
Cuidando dos seus ninhos
A água cristalina, não tem,
foram destruindo
Sair correndo para o rio não tem como,
foram destruindo
Observar peixe nadando, também não
Ah! Que dor imensa sinto ao ver que minha mãe natureza está morrendo.

Tempo

A partir do momento que a gente nasce, começa a viagem veloz com o destino ao fim. E ainda há aqueles que vivem com pressa!
Sem que se dar o presente de reparar que cada dia a mais é um dia a menos, porque está passando, o tempo todo, aos poucos e um pouco mais, a cada segundo que passa! Sejamos leves e breves, pois o tempo não espera!

Menina

Menina, escuta o que eu digo!
Sei que a dor da lembrança dos que partiram te corrói
por dentro
Isso é inevitável!
Só peço que assim que possível
Deixe de lado essa dor que te machuca tanto e volte a ser
Aquela menina de alma
Sorridente
Que sempre conheci

Mulheres indígenas

Somos mulheres guerreiras lutando por aquilo que
sempre sonhamos,
lutamos contra a violência desde a colonização.
Somos mulheres fortes
colunas de luta e resistência,
lutando pelos nossos direitos juntos aos nossos
povos indígenas,
Sendo mãe, irmã, filha, amiga, educadora com
a força do Nhanderu.
Somos essência e a resistência lutando
e nos autoafirmando na sociedade leiga sobre a nossa história.

**Mulheres indígenas
e a ocupação do nosso espaço**

Por muito tempo fomos esquecidas
Pela sociedade, até mesmo pelos próprios indígenas da nossa comunidade
A conquista das mulheres para ocuparem seus espaços foi com muita luta
E lutaremos por esse espaço o quanto for necessário
Hoje estamos presentes, com vozes
Protagonismo da nossa história
Quebrando esse estereótipo de coitadas
Avançamos juntas: mesmo com desafios que a vida nos impõe.

Conhecendo palavras em Guarani

Porã: bonito
Yvoty: flor
Nhe´ẽ: falar
Vy'a: feliz
Tupã: Deus
Y: água
Guyra: pássaro
Che: eu W
Opy: casa de reza
Pytã: vermelha
Xondaro: guerreiro
Xondaria: guerreira
Kunha: mulher
Mitã: criança

Saudações em língua Ava-Guarani

Mbaei'xapa: Olá (utilizado sem especificar o momento do dia)
Mbaei'xapa Nde'Ko'e: Bom dia
Mbaei'xapa Nde'Ka'aru: Boa tarde
Mbaei'xapa Nde'Ka'aruju: Boa tarde (fim da tarde) – utilizado pelos mais velhos, os jovens não utilizam muito
Mbaei'xapa Nde'pyhare: Boa noite
Che ahatama: Já me vou

Pronomes pessoais em Ava-guarani

Che: Eu
Nde: Você
Ha'e: Ele/Ela
Nhande: Nós
Ore: Nós (excluindo o interlocutor)
Ha'ekuera: Eles/Elas

A lenda do Saci contada pelo meu avô Cheramoí

Havia uma índia muito bonita na comunidade Guarani. Ela era admirada por todos, mas ficou grávida e seu pai, o cacique, furioso, a expulsou da aldeia. A índia então foi morar na floresta sozinha.
A criança nasceu, era um menino lindo, de pele branca e cabelo loiro. Com o passar do tempo, a índia ficou doente e faleceu, e o menino ficou sozinho na floresta.
Nhanderu ficou muito triste ao ouvir o choro do menino e mandou Kurumi, um anjo, para cuidar dele.
E assim o menino ganhou uma missão de Nhanderu, que era proteger as crianças que eram deixadas sozinhas pelos pais. Por isso, na cultura Guarani, não deixamos crianças recém-nascidas sozinhas, pois o Saci pode levá-las para cuidar.

Petyngua e suas funções

Petyngua, o cachimbo, é usado pelo Guarani desde sempre, para se comunicar com Nhanderu, para receber força e coragem.
O chamoí usa para pedir ajuda ao Nhanderu, para espantar maus espíritos que rodeiam a aldeia.
O cachimbo também é usado para cura espiritual e de doenças físicas, em cerimônias na casa de reza (Opy´i), como batismo.
Seu uso nos traz paz interior e conhecimento para fazer as escolhas com sabedoria no momento das dúvidas.

DÉBORA SILVA
SER MÃE E MULHER INDÍGENA

ẼG TY ẼG JIJI TO
(Kaingang)

Ũ nỹ tỹ inh jẽ, Débora fi vỹ ẽ vỹ ẽmã tỹ Manoel Ribas tá mur, ẽmã ẽn ti tá jẽ kỹ inh prỹg vẽnhkãgra han, kar kỹ inh kanhgág ag jamã ra vỹn ké inh nỹ fi mré, kỹ inh tá kanhgág ag jamã sĩ tá mog, kũ inh sir jatum mỹ kanir tũn ke ja nĩ, har sir prỹg ti tĩg ja ni kỹ inh mog ũri tỹ 20 anos jẽ ha, kar kỹ inh kósin régre jẽ har fag prỹg régre han kỹ nỹtĩ, har ti há tĩ tũ ti, ge ra ti inh mỹ há tĩ har, inh sỹ inh pir mỹ inh grẽ fag kirir tag ti vỹ inh sĩnvĩ nĩ, kar kỹ topẽ tỹ inh ném nũm mũ ũ vỹ inh mỹ jogy ti, hã vỹ inh sỹ ka-

ẼG TY ẼG JIJI TO
(Kaingang)

Sou Débora, nascida na cidade de Manoel Ribas. Fui criada até meus 4 anos na cidade, depois voltamos para a aldeia junto com minha mãe e lá cresci em uma aldeia pequena, mas onde eu tinha total liberdade para brincar. O tempo foi passando e enfim cresci. Hoje tenho 20 anos, com dois filhos de 2 aninhos. Fácil não é, confesso que ser mãe solo de duas crianças é um desafio, mas lindo.

Topẽ me deu outro desafio que foi ter que decidir deixá-los na aldeia, e foi uma decisão longa. Me critico

nhgág jamã tovãnh tag nĩ, jukrén mág inh sỹ tovãnh ke mũ kã, ver inh vẽso jũ tĩ sỹ fag mré jẽ tũ ni kỹ kurã tag kã, har inh fag tũgtũ ni ra tag ki jun ke tũ ni vẽ, inh sỹ fag ve kỹ ki kanhrãn, ja vẽ vãsãn ki. Tỹ inh gïr ag nỹ tỹ kanhgág jẽ inh sĩg ja kar mĩ inh, inh jave ag jukre ma tigtĩ, kỹ ti inh mỹ há tigtĩ inh sỹ tg kanhgág ra. Odontologia han jẽ

muito por não estar junto deles nessas horas, mas sei que se não fosse por eles eu não teria chegado até onde estou, pois foi vendo eles que aprendi a lutar com mais força.

Sou uma mãe kaingang e onde vou carrego comigo minhas origens. Sou grata por ser uma indígena cursando odontologia e conto com

Marcha das mulheres indígenas: minha experiência como indígena Kaingang Paraná

A primeira marcha das mulheres indígenas denominada "Território: nosso corpo, nosso espírito" foi umas das experiências únicas que tive. Ver a total força dessas mulheres de todos os territórios brasileiros me inspirou demais. Ali, naquele acampamento, eu vi que com a força dos nossos espíritos somos fortes e guerreiras e esta luta não pode parar, porque é ali que nossos Javes nos fortalecem para seguirmos em frente.

Se reuniram mulheres de várias etnias para mostrar sua força e vontade de defender seu povo e suas crianças, pois não é fácil sair da sua terra, do seu lar e ir para a batalha igual essas mulheres foram, muitas com crianças de colo.

Umas das pautas dessa mobilização é a demarcação de terras, o que esse atual governo tem nos negado – esse governo está nos matando, tirando nossos direitos.

Outra pauta é a Sesai, queremos melhorias para nossa saúde, nossas crianças e mais velhos e, ao invés de trazer melhorias, esse governo quer nos arrancar tudo em que temos direito. Já está matando a nossa Amazônia, nossa mãe terra não vai aguentar.

A ganância desse povo que está tudo no lixo, aí na Esplanada, com ar condicionado, enquanto nós estamos em um sol de 40° graus reivindicando nossos direitos, tentando salvar a nossa Amazônia e esse governo de merda não faz nada.

Música em Kaingang

Inh	yavẽ	inh	mỹ	õn	tar	nũn
Inh	yavẽ	fág	mỹ	õn	tar	nũn
Inh	yavẽ	ág	mỹ	õn	tar	nũn
Inh	yavẽ	ẽg	mỹ	õn	tar	nũn

Hã kỹ mĩyé kronhkronh ke tũg yé

Está é uma música de pedido de força (resistência) que cantamos para nossos antepassados, nos sentimos nossos inh yavẽ. Na hora que cantamos é muito forte, nos dá força de querer lutar mais e mais.

FELIPE ZAMBONI
POUCO DO QUE SOU, MUITO DO QUE EXPRESSO

CHERERY ARAHAVA
(Guarani)
O NOME QUE CARREGO

Antes de me apresentar, gostaria de demonstrar minha gratidão a quem este livro lê, seja indígena ou não indígena. Para o segundo, desejo uma boa leitura de nossa história sob nossa perspectiva e, para o primeiro, que saiba que somos unidade, somos coletivo e seremos neste livro "nós".

No momento em que escrevo, estou no terceiro ano do curso de Medicina da Universidade Estadual de Londrina (UEL), sou Guarani Nhandeva e me chamo Felipe Zamboni. Com meu nome eu carrego a branquitude, que muito me livrou, me resguardou e também me acomodou. Em todas as interações sociais que já vivenciei, a maioria delas junto a pessoas não indígenas, eu não sofri por ser quem sou, e é estranho tudo isso: como pode a aparência, nitidamente sua cor, ditar se irá ou não sofrer discriminação?

Por muito refleti, não julgo minha mãe por reforçar minha branquitude nos momentos em que teve oportunidade, seja em documentos, seja em minha própria criação. Mas os saberes de minha ascendência indígena materna automaticamente foram deixados num segundo plano. Isso de fato me livrou de preconceitos, me recheou de privilégios que demorei para reconhecer.

Meu pai, de origem italiana, branco, me ensinou junto de minha mãe o valor da humildade. Minha ascendência paterna representa a trajetória de uma família camponesa, que sobreviveu através do trabalho como pequeno agricultor.

Esse lado familiar me proporciona reflexões sobre como a terra, tão rica e cheia de saberes, pode ser devorada pelos grandes latifundiários. Infelizmente, toda trajetória relacionada com minha ascendência branca fez com que eu desenvolvesse um forte sentimento de individualismo, o qual demorei a reconhecer.

Além de me afastar do valor da coletividade, houve a partir desse lado familiar que se sobressaiu um quase completo apagão sobre os conhecimentos e tradições da minha descendência indígena. O primeiro obstáculo para começar a resgatar minha cultura materna foi travado comigo mesmo: afirmar minha identidade indígena significa ter uma vida de luta, incluindo lutar pelos nossos direitos e por nossa sobrevivência. É preciso resistir por nosso povo, nosso coletivo, que é repleto de riquezas originárias e está presente em diversas regiões do território denominado América. Afirmar minha identidade indígena significa também abrir mão dos privilégios proporcionados pelo meu lado paterno e sair da comodidade.

Entretanto, esta é minha melhor afirmação, eu sou índio, índio branco (como denomina minha mãe)? Que seja! Amo a cultura que predomina entre meus parentes, de tantas etnias, tantos saberes, suas tradições são valiosas e o senso de coletividade é encantador.

Após o reconhecimento de minha completa identidade, entendi que quem sou vai além de minha aparência, sou o que expresso, sou meus ideais, meus pensamentos, minhas reflexões, eu sou caráter, carrego conhecimento, adquiro saberes e partilho, esse sou eu.

Tenho muito que resgatar, para isso peço perdão para meu pai, mas o resgate cultural materno é muito mais legal. Se precisar usar a tecnologia ocidental para recuperar a cultura oral, usarei e não serei mais branco ou menos índio por isso. Serei mais eu.

Moro na cidade

Moro na cidade
Sempre morei
de algumas vantagens desfrutei
nenhuma que pague
minha perda cultural.

Cidade me letrou, me gradua
Evidencia o tão falado
"desenvolvimento"
mas
seus males são ocultados

Pensamento crítico?
Dificilmente proporcionado
Som da Natureza? Abafado!
Nossa cultura não tem espaço em
meio a tanto "desenvolvimento"

Corro atrás de meu passado
para me proporcionar força
no presente
Resgato ensinamentos, muitos
deles jamais havia contatado

Quanto mais conheço
mais confio
mais reafirmo
o norte de meu futuro

Com a vitalidade
proporcionada por meu
resgate cultural
sigo me adaptando
a esse mundo ocidental
para fortalecer
a luta de meu povo.

Nossa saúde

Nossa saúde sofre,
pois nossa Terra sofre
Nosso território sofre
discriminação fere
queimada arde
o tiro tira a vida de outra liderança

Saúde é abrangente
é social, invasão
psicológica, preconceito
biológica, assassinato
espiritual, aculturação

Enfrentamos cinco séculos
de dominação,
segregação e genocídio
sofremos, muito
mas, sobrevivemos
com muita, muita luta

Resistimos
Sabemos o que nos machuca
então sabemos o que nos fortalece
nossa Terra
nossa união
nosso senso coletivo
nossa fé
nossa língua
nossa cultura
ninguém pode abater.

Estereótipo

Ainda presenciamos muitos comentários vindo de concepções centenárias, de que todos nós moramos em oca, andamos seminus e, se nos apoderamos da tecnologia, nos tornamos "menos índios". Interessante como esses julgamentos transcorrem junto de outro fenômeno dominador, a apropriação cultural.

Não podemos utilizar smartphones, pois somos estereotipados como primitivos, mas nosso maior símbolo de resistência, o cocar, quando apropriado, é um ótimo utensílio estético. Não sabem o peso, a responsabilidade que carrega quem porta este adorno. Liderança indígena resiste pelo coletivo, o qual proporciona força mútua, união que nenhuma sociedade colonizadora detém.

Então, quando quebramos estereótipos, nos taxam de "falso índio", mas eu chamo esse processo de adaptação, evolução, que nos custa perdas, mas que garante nossa sobrevivência.

Devemos ter noção da grandeza de nosso território, que não se limita ao Brasil, toda a então denominada América proporciona focos de resistência indígena com suas mais variadas realidades.

Muitas etnias demonstram através da preservação de seus costumes uma força de sobrevivência incansável e evitar que os costumes advindos de sociedades externas desqualifiquem os nossos é um grande desafio.

Nossa língua, nosso idioma, infelizmente enfraqueceu em algumas aldeias, principalmente as que sofreram ou ainda sofrem a influência do sistema de aculturação imposto pelas nações colonizadoras. Junto à perda do idioma há uma série de outros danos, visto que toda a tradição, costumes e saberes foram por muito tempo transmitidos exclusivamente pela fala.

Cada etnia tem sua luta, seu processo de resistência, sobrevivência e evolução, algumas preservaram as vantagens de suas arquiteturas, a utilidade de suas vestimentas, outras se adaptaram aos processos industriais impostos pela sociedade externa.

O estereótipo costuma nascer na generalização de costumes e/ou características e mesmo com muitas etnias extintas, por conta dos colonizadores, ainda somos muitos, com valores identitários consolidados ou em processo de resgate e evolução.

Portanto, antes de nos generalizar, de nos tachar, nos conheça, saiba de nossa história, de nossa vida, saiba através de nós, pois somos detentores de nossa história.

FELIPE ZAMBONI

JAQUELINE DE PAULA SABINO
MINHA HISTÓRIA, MINHA ESSÊNCIA

ẼG TY ẼG JIJI TO
(Kaingang)
O NOME QUE CARREGO

A data era 5 de novembro de 1992, era uma tarde quente, e em um rancho de sapê, pau-a-pique e chão batido uma jovem que nem bem completara seus 16 anos luta com todas as suas forças entre a vida e a morte. Ao seu lado, duas mulheres cumprem o papel de enfermeiras, Catarina Higino e Maria Luiza Cordeiro, ambas ignorantes em relação à medicina, mas sábias e detentoras de conhecimentos milenares, preparam o ritual para conceber uma nova vida, um banho de ervas, dois tijolos e uma oração.

Era chegada a hora, estava tudo preparado, ela entra em trabalho de parto e, para a surpresa de todos, avistam-se dois pezinhos tão pequenos e frágeis, e um medo toma conta daquelas duas mulheres. Naquele momento, um simples movimento de braços poderia colocar um fim na vida de mãe e filho. Para a medicina, um caso que não permitiria parto normal, mas para elas apenas uma questão de fé. Entre contrações dolorosas e cansaço, por volta das 17h se ouve um choro como um grito de vitória, que ecoa naquela aldeia, e anuncia a chegada de mais uma mulher na família, de mais uma guerreira, de uma nova geração que trazia em suas veias o sangue da resistência, o sangue Kaingang.

Seu nome, sugerido por um dos tios, seria Jaqueline, um nome não indígena, mas que em sua tradução significa resistência e superação. Coincidência ou não, desta data até agora já se passaram 26 anos e o que posso dizer é que o fruto daquele ventre sou eu e esse é o nome que carrego, Jaqueline de Paula Sabino, mulher indígena nascida na aldeia Barão de Antonina, filha de Andreia Nunes de Paula, mulher indígena, e Jesuel Sabino, homem indígena, concebida pelos cuidados de minha bisavó e de minha avó, ambas também mulheres indígena.

No decorrer de minha vida muitas vezes me perguntei porque minha família não havia me dado um nome indígena, pois com certeza isso afirmaria muito mais as minhas origens diante dessa sociedade ignorante, que insiste em reforçar estereótipos e em acreditar que meus traços físicos definem o meu ser. Mas me dei conta de que isso não muda minha essência, é uma questão de sentimento de pertencimento, e mais, é uma questão biológica, ou seja, o nome que carrego pouco revela sobre mim, uma vez que ser ou não indígena vai além de se ter um nome ou características físicas específicas. Porém, se me perguntam se o nome que carrego é de origem indígena, me sinto no dever de contar toda essa história que você acabou de ler. Afinal, o que tem um peso maior: o que dizem que sou? Ou todos os fatos comprovam quem eu realmente sou?

Não somos selvagens

A sociedade julga de selvagem aqueles que morrem todos os dias em defesa da terra. É uma realidade um tanto assustadora, os valores parecem invertidos, a população sendo induzida a acreditar que nossas comunidades são suas inimigas e atrasam o desenvolvimento do país, enquanto a bancada ruralista defende apenas coisas "boas" e uma produção em larga escala. Para tornar o brasileiro mais feliz, é preciso entender que selvagens não preservam as minas e as matas que são essenciais para a existência humana, que inimigos declaram guerra e não pedem respeito, e que a felicidade não se relaciona com dinheiro, e sim com o direito de ser quem queremos ser e viver do nosso jeito.

Vida fora da aldeia

Em 1996 minha família decidiu da aldeia se mudar, devido a alguns conflitos. Acharam que seria melhor começar uma nova vida em outro lugar. Partimos então para Minas Gerais, pois havia boatos de que uma fazenda de café ofertava muitos empregos, além de uma casa para os trabalhadores morarem. Essa era nossa chance e não podíamos recusar.
Na bagagem levamos apenas alguns pertences, roupas, panelas, cobertores e uns míseros trocados, além, é claro, da saudade do nosso lugar que até então nunca havíamos deixado.
Na aldeia deixamos tudo, nossa casa, nossa lavoura, nossas criações, nossos amigos, nossos parentes, enfim deixamos tudo que havíamos conquistado, e o mais importante: deixamos a herança dos nossos antepassados.

Ao chegarmos em Minas Gerais, nos deparamos com uma típica fazenda de café, uma colônia de casas muito simples e uma outra bem maior e bonita em frente a estrada principal, além de terras e mais terras cobertas pelo cafezal.
Fomos recebidos pelo administrador, que nos levou até a casa em que iríamos morar. Ele nos orientou sobre o trabalho e nos deu um feixe de lenha para preparar o jantar.
Eu era muito pequena, tinha apenas quatro anos, e não entendia o que estava acontecendo. Só pude de fato entender com o passar dos anos.
Moramos lá por cerca de dez anos, trabalho nunca faltou, fosse nas lavouras de café, nas granjas ou na cocheira do gado. O salário era pouco e o trabalho braçal, pesado.
O trabalho era de segunda a sábado. Durante a colheita de café, esforçava-se ao máximo para maior rendimento das sacas, enquanto os comentários maldosos eram de que paranaenses até por cinco reais trabalhavam.
Nos terrenos acidentados era um desafio imenso segurar o pano estendido no chão e a escada em ladeiras que chegavam a atingir quase 90 graus de inclinação.
Quando fazia sol, abanavam o café; quando chovia, adubavam a lavoura de milho; a cada 50 dias limpavam as granjas que eram esvaziadas – meu pai diz que nesses dias a fome era quase nada.
Tamanha era a podridão daquele lugar que até seus corpos exalavam mau cheiro depois de passarem o dia todo levantando balaios e mais balaios de esterco.
Era uma vida sofrida, não existia férias e nem direitos trabalhistas, era um sistema de trabalho escravo no qual o salário não pagava nossos gastos. Entre as serras de Jacutinga e as estradas de

terra branca da fazenda eu crescia, distante das minhas origens, o que eu sabia a respeito era só o que minha avó dizia. A gente pensava: um dia voltaremos para nossa terra, porque lá é nosso lugar, aqui não podemos plantar e lá não precisamos nos matar de trabalhar, quero rever meus parentes. E olha que é muita gente!
E foi lá que vivi a minha infância inteira vendo minha família ser explorada enquanto a produção do café aumentava.
Vivíamos uma vida pacata e sem expectativas, aliás, existia uma: a de voltar para a aldeia onde também trabalhávamos, porém para o nosso sustento, e nosso descanso acontecia quando dava na telha.
Hoje, olhando para o passado e conversando com meu pai, vejo o quanto foi doloroso para minha família deixar nosso lugar, seu lamento por tudo que havia ficado não me faz duvidar.
Em sua memória estão muito vivas as lembranças de tudo que viveu e sofreu, mas seu sorriso e seus gestos bem-humorados me fazem pensar que ele já deve ter superado.
Todo esse processo que vivi ainda criança me afeta até os dias atuais, essa quebra de convivência na aldeia me privou de coisas essenciais. A fala e a escrita indígena infelizmente são algo que nos são cobradas, seja onde for sempre seremos lembrados de que se não sabemos nossa língua somos "índios falsificados". Uma afirmativa dolorosa, típica de quem não conhece nossa história e que me faz me sentir um pouco mal. Um processo violento que nos proibiu de falar a língua materna e que hoje contraditoriamente nos discrimina por sabermos muito pouco dela.
Esse processo também nos limitou a viver em aldeias gerando inúmeros conflitos, entre

eles o que ocasionou a minha partida e deixou minha família com o coração aflito.

É por esse motivo que o pré-julgamento deve ser evitado, é preciso conhecer a nossa história antes de dizer algo errado. Se você é uma dessas pessoas que julga, aqui vai uma dica: antes de mais nada, é preciso considerar o processo colonial.

O sangue do nosso povo foi derramado em nome da civilização, civilização que trouxe a morte, o estupro, o genocídio e a escravização.

E se você pensa que isso é coisa do passado, preciso te dizer que você está enganado, pois nós ainda sentimos na pele o preconceito ser disseminado.

Ser indígena na atualidade

Ser indígena na atualidade é um desafio, e exige duas coisas muito importantes. A primeira, paciência; e a segunda, coragem. Paciência para aguentar certos comentários que colocam em dúvida nossa identidade, e coragem para reafirmar todos os dias que somos quem somos. A dúvida sempre surge se não temos cabelos lisos, pele morena, olhos puxados, rosto arredondado, ou seja, todas as características de uma comunidade que não sofreu com o processo de branqueamento. O que se espera é que sejamos todos iguais e, se saímos desse padrão, somos julgados como índios falsos.

Só quem já sentiu na pele o que é ser julgado por suas características físicas sabe o quanto é doloroso, ter que explicar a uma pessoa aquilo que ela já deveria saber, afinal, o processo colonial faz parte da vida de todos os brasileiros. Neste momento, percebemos o descaso com a nossa história, pouco se sabe e o que se sabe muitas vezes é distorcido. Nós não somos todos iguais, não somos um só povo, não falamos uma só língua e muitos de nós sequer sabe falar a própria língua. Isso não significa que somos menos indígenas, significa que em algum momento da nossa história sofremos restrições severas, como o não uso da língua materna, proibição de costumes e crenças, moradia em aldeias, um processo violento que tinha como pena a morte. Hoje, após 519 anos de Brasil, nós resistimos e existimos com muitas características físicas diferentes: cabelos afro, pele branca, olhos claros, altos, baixos, somos muitos e somos diversos! Somos apenas o reflexo de uma miscigenação forçada e que não é falada, apenas camuflada. Muitas pessoas podem pensar que, olhando para esse lado, qualquer pessoa que se autodenominar indígena poderá automaticamente ser, mas é preciso pensar: o que uma pessoa não indígena estaria ganhando com isso? Se autodenominar indígena hoje é assumir uma identidade malvista por muitas pessoas que se deixam levar pelo senso comum.

Vândalos, vagabundos, preguiçosos, sujos são apenas alguns dos adjetivos que nos são dados devido à falta de conhecimento. Nós não somos vândalos, apenas protestamos por aquilo que foi roubado de nós. Nós não somos vagabundos, apenas gostamos de viver daquilo que a natureza nos oferece sem causar danos a ela. Nós não somos preguiçosos, apenas vemos e lidamos com o tempo de uma forma diferente. Nós não somos sujos, apenas amamos viver e sentir a terra, nossa mãe.

Se autodeterminar indígena hoje é um sinal de coragem e resistência, é uma forma de dizer que sobrevivemos e que nossa aparência não diz nada sobre nossa essência. O que nos define são nossos valores, nosso pertencimento, nossa cultura e um desejo em comum: o reconhecimento da nossa existência da forma que merecemos.

JAQUELINE DE PAULA SABINO

Uma reflexão

Nossa história está pautada na resistência e na luta
é preciso ser guerreiro e ter muita força
para construir uma história com maior visibilidade
desanimar jamais!

É preciso preocupação
com a falta de reconhecimento do nosso povo
e isso só conseguimos através da resistência
este será o caminho para nosso sucesso!

RODRIGO LUÍS TUPÃ
YMA GUARE CHE NHÃ'Ē RUPI

(Minha história através da minha escrita)

CHERERY ARAHAVA
(Guarani)

O NOME QUE CARREGO

Che Avá guarani, Che Rodrigo Tupã Luís, mbarete Che há'e, Aiko yvy orereko'ague rupi, Che mitã guive Aiko pecha harupi, pe'a chemombarete Aiko avwá luta pe, há luta revema Aiko, há mbaretereve pe aîme, há precoceito oiko chendive, cherenhoî akue tekoha porto lindo Ms pe, Aiko akue chemintague revê pe tekohape, yvy avá mba'ema akue, ndaheta mbaei oî akue, roheja akue pe tekoha areko'ro pohapy ara reheka peteî tekoha roiko porá avwã, guara-

Sou Avá Guarani, sou Rodrigo Tupã Luís, resistência me define.

Vivo em terra de retomada desde criança, o que me motiva a esta luta. A luta nasceu comigo e a resistência faz parte, o preconceito vive em mim. Sou nascido em aldeia Porto Lindo, no Mato Grosso do Sul (MS), vivi minha infância toda naquele tekohá (lugar). Terra demarcada, mas que tinha pouca infraestrutura. Saímos dessa aldeia aos meus oito anos, em busca da

ni kuera oheka pe tekoha ko ara peve, rojumi ropyta Guaira Paraná pe, ore rekoha pe voî, há Aiko pe tekoha pe, há preconceito oiko cherevema, pe Juruá kuery Omã'e vai orerehe, há oremombareteva nhaderu tupã há Cheramoî há chary'i kuera upea oremobarete, mbarete, mbarete. há luta, luta, luta pe orerekoha roguereko jevy avwã, ojepe'a ágüe oreregui. Che Rodrigo ajapo curso de medicina, peteî mbaemo há luta cheve, ndaha'ei py cherekoha, Juruá kuery omoî Aiko avwã upeixa, tesai ramo opama orehegui, Che a'e xondaro há upegui aha tenonderá.

terra sem males, que todos Guarani busca, busca até hoje. Viemos parar em Guaíra (PR), no nosso antigo tekohá. Desde então vivo nessa terra de retomada, enfrento preconceito no meu dia a dia, daquele olhar torto dos juruá (não índio). E através da força do grande espírito do nosso antepassado estamos sempre resistindo, resistindo, resistindo e lutando para ter nosso tekohá que foi tirado da gente.

Sou Rodrigo, graduando no curso de medicina, mais um desafio e luta que estou enfrentando, porque não é meu viver, mas que a sociedade me obrigou a viver isso, pois a saúde do meu povo está ameaçada. Mas sou guerreiro, isso que me motiva a seguir adiante.

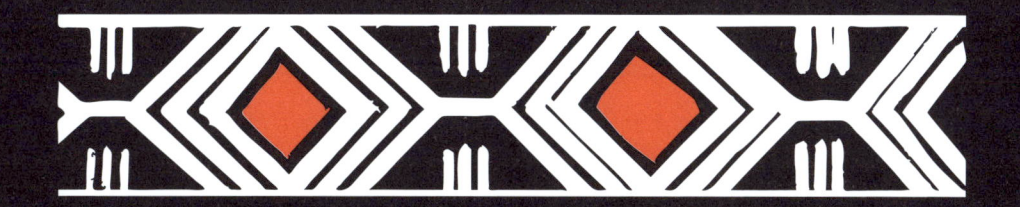

Certeza e incerteza

Às vezes penso nos sentimentos.
Pouco se sabe sobre índio
Os brancos ostentam o preconceito,
E nem querem conhecer, só pensam em ódio.
Em terra de intenso conflito,
Nativos de olhar afiado, como nas caravelas
Indígenas em constante conflito
As aldeias das retomadas cheiram velas.
Nada vale diante da cobiça
Carregam no fundo da alma a violência
Todos diante da injustiça
Índios diante de todas as impotências
Chamam os nativos de invasores,
Continuam provocando a discórdia,
Os originários massacrados por tratores
Até quando? Será que vão ter misericórdia?
Faz quinhentos e dezenove anos
Hospitalidade nunca valeu nada,
Carregam bem no fundo da
Memória do massacre e assassíndio.

Lugar bonito (Tekoha Porã)

Sempre pensei um dia encontrar terra sem mal, onde pudesse viver tranquilo, sem preconceito e maldade contra indígenas. E procurando tekoha porã perfeito fui parar em Guaíra (PR), onde meus antepassados viviam, antes da colonização e após a colonização, de onde foram expulsos pelo não índio.
O sonho de viver em terra sem mal foi só o sonho, pois hoje vivo em terra de intenso conflito, onde os não índios querem acabar com os indígenas, discurso de ódio contra meu povo.
Só espero consiga chegar um dia na terra sem mal, onde grandes lideranças espirituais estão, para vivermos longe dessa maldade.

Em memória a Cheramoî (meu Avô)

Cheramoî Claudio Barros, grande líder espiritual do município de Guaíra (PR)

O xamoî Claudio Barros, nosso eterno cacique e líder espiritual, as histórias e lendas contadas por ele na beira da fogueira ao anoitecer, os ensinamentos que nos passava e a previsão do futuro que Nhanderu dava a ele, tudo se concretizou. Na casa de reza, nos motivava a ir à luta e não abaixar a cabeça diante da dificuldade do preconceito. Nos reuníamos e fazíamos grande reza, o jeroky, e o batismo de crianças mongará'i, tomando nosso chicha (bebida feita a partir do milho). Me chamava de liderança, queria que um dia eu assumisse esse posto, mas falei para ele: "Nhanderu tinha plano para mim". E também falei que não tinha a sabedoria e o conhecimento que ele possuía. Nos lembramos de quando aprendi com ele a fazer armadilha, pescar, plantar, respeitando a nossa mãe terra e a natureza, e o modo de ser indígena, mas a necessidade chegou e tive que me ausentar do nosso tekoha por anos.

Me doía ao deixar o xamoî na aldeia e quando me perguntava quando eu ia voltar. Todas as vezes que nos encontrávamos, sempre falávamos de demarcação da nossa terra. Ele como espírito de liderança contava as histórias de Guaíra, que ele conhecia muito, pois nasceu nessa região, da Companhia Mate, das balsas que tinha antes da ponte que liga agora o estado de Mato Grosso do Sul ao Paraná. Cheramoî então tinha 103 anos, faleceu no dia 7 de janeiro de 2019.

A nossa luta não acabou, pois eu e mais netos estamos aqui na resistência, no tekoha e na universidade que usufruímos como ferramenta de luta.

O sonho que continuo a carregar dentro de mim é que um dia possamos ver a demarcação da terra. Se isso não acontecer e não demarcarem nossa terra, meus filhos virão, meus netos, e essa luta nunca irá parar, se já resistimos há mais de quinhentos anos, nada vai nos fazer parar.

Jeroky Guassu

Foto do arquivo das famílias, durante a reza de apresentação cultural no município de Guaíra (PR)

Na nossa cultura Guarani, a vivência nas aldeias tem papéis sociais. É nossa mãe que nos ensina os preceitos culturais: a língua, a ida à Casa de Reza e o modo de ser.

Por isso, dificilmente nos separamos da nossa mãe nos anos de vida; se a mãe não pode ficar com a criança, por algum impedimento, fica com a avó, ou tia. As meninas convivem o tempo todo com as mulheres, mãe, avós, tias, irmãs mais velhas, porque nós, indígenas, aprendemos pela observação do mundo.

Chereko yma´ guare
(História da minha vida)

Eu, Rodrigo Luís, nascido no dia 26 de setembro de 1987 na Aldeia Porto Lindo no Estado de Mato Grosso do Sul, no município de Japorã, na época me lembro que morávamos no setor chamado Bentinho dentro da Aldeia. Como aldeia é grande, é dividida por setor, vivemos embaixo de casa de sapé que meu vô Cláudio e meu pai Eduardo construíram. Casa pra gente morar, foi tempo muito bom, a minha vó Vitória já tinha 6 filhos, a minha mãe é a mais velha, depois meus tio e minhas tias. Meus pais e meu vô por parte do pai trabalhavam em fazenda que ficava próximo à aldeia.
Nesse tempo o vô por parte da mãe, Cheramoî Cláudio, já exercia papel de rezador, ele era como médico, pois fazia remédio à base de ervas medicinais, reza, parte espiritual, e minha vô era parteira, fez muito parto na aldeia, mas nem sabia realmente o que era, só falava que Nhanderu ia mandar criança nova (Nhevanga). Eles foram se tornando referência, meu vô rezador e minha vó parteira. A minha mãe tinha eu e meu irmão de filhos, depois foi vindo outros irmãos. Lembro quando a gente saía pra caçar passarinho e fazer armadilha (monde e nhu'rã), e ia pescar no rio que passava perto de casa, o córrego Jacareí. O meu tio Mariano Barros me carregava pra todo lado e me ensinou muitas coisas.
Foi o meu vô mesmo que me batizou e me deu nome de Tupã Nhevanga, tive uns quatro padrinhos na aldeia, maior parte já falecido, e toda a comunidade trazia criança recém-nascida pro meu vó batizar (monga'raí) e dar o nome indígena (hera`kaagwy). Na casa havia outra casa enorme de sapé o (o´py ou jeroky´há) que todo final de semana tinha reza, era onde faziam ritual, não só pra batismo de crian-

ças mas também pra adorar (Nhanderu) quando a colheita é bem sucedida, e pra tomar chicha (ou cavwiʼjy, bebida à base de milho), que se toma durante a dança, o canto, ao som de chocalho (mbaraka) e (takuaʼpu), som emitido pelo instrumento feito de bambu.

Na casa do meu vô sempre tinha gente, a água a gente pegava numa nascente perto de casa (yʼguara). E esse tio Mariano me ensinou muitas coisas, e ele tinha ataque epilético quase frequente. Um dia encontram ele morto na beira de uma estrada. Caiu e bateu a cabeça. Meu vô por parte do pai também faleceu neste lugar, então mudamos de onde morávamos porque, segundo meu vô, o espírito deles não deixava minha vó em paz. Só mudando que o espírito dele ia descansar em paz. Foi grande perda pra nossas famílias, fomos para uma parte de cima uns dois quilômetros na mesma aldeia.

Começamos a construir e retomar nossa vida num novo lar, continuaram plantando e fazendo reza, batizando criança, adorando Nhanderu, só que não conseguiram mais construir casa de reza, fizeram altar (oʼpy ou jerokyʼhá) fora mesmo no pátio, e eu, maior, caçava com meu irmão e tio. Saíamos longe pra pescar, voltávamos só no outro dia, tinha um mato bem perto de casa onde a gente saía pra procurar frutinha pra comer, como guabiroba e yvwaʼu, jabuticaba do mato, gwembe e jaracatiá – esses dois últimos se come assado na brasa.

Meus avós, quando a gente saía pra muito longe, começavam nos contar que tinha onça (jaguareté), mas nós não tínhamos medo. Quando voltávamos da caça às vezes trazíamos pombo grande e peixes. À noite todos nós comíamo aquele peixe assado e pombo com mandioca, meu vô começava a nos contar lendas, mitos, que ele sabia, como do Jaguarete, Mboí Tatá, Luisón, Teju Jagua e entre outras, e a do

"TETÃ TEKOHA : ẼG TỸ, ẼG JYKRE TÓ, VẼSÓG KI "

Pombero ele contava pra mulher (era um homem branco que ficava na beira do rio, vendo elas tomarem banho, e Pombero podia engravidar elas), e o filho podia nascer diferente (hoje entendo o que é esse Pombero).
Nessa época abriu uma escolinha na aldeia, frequentei por alguns meses, desisti porque era longe de casa, caminhava uns três quilômetros a pé pra chegar. Era a maior alegria, eu tinha uma saca de arroz que era minha bolsa. Ia lá pra comer lanche. Quando não tinha nada na escolinha, cada um trazia o que tinha. Uma senhora da aldeia fazia merenda pra nós, a dona Olívia, que faleceu em 2016. Meu pai começou a sair fora para trabalhar no canavial, pois começamos a necessitar do material escolar, roupas novas, antes o que tinha a gente vestia. Ele ficava 90 dias fora de casa, os recursos naturais iam se esgotando, pois começou vim fazendeiro ocupar um mato que tinha ao redor da aldeia e começou a derrubar pra colocar gado. Foi tempo difícil, porque não tinha muito mais mato pra caçar.
Às vezes meus pais saíam pra posar na beira do rio em buscar de alimentos e voltavam sem nada. Às vezes eu ia junto com eles, ficava 24 horas na beira do rio, mas eu já sabia fazer armadilha pra pegar passarinho. O acesso pra cidade era difícil e longe. Meu vô Cláudio era trabalhador, começou plantar, ele plantava arroz, feijão, batata, milho, amendoim, mandioca, abobrinha e dividia com todos os vizinhos. Às vezes levavam pra cidade pra fazer troca por carne, chamávamos de mascate ou mascatear. Tinha que andar horas e horas pra chegar à cidade, dava em torno de 16 quilômetros. O acesso pra buscar água ficou mais difícil, tínhamos que andar muito pra trazer água do nascente. Trazia de balde, moringa e vasilhame feito de purunga (rya´kua). Chegou uma época que meu vô e meu pai plantaram, mas não colhemos nada. Lá

vai meu pai de novo pra canavial nas usinas que ficava longe, e foi assim que continuou, até que certa vez meu vô conseguiu se aposentar. Foi a maior alegria, ele nos levou pra cidade de Iguatemi, pois naquela época tinha balsa que atravessava passageiro para o outro lado do rio, pra chegar à cidade.

Foi lá que comecei a conhecer como era a cidade, onde homem branco morava. Passou o tempo, o vô comprou dois cavalos pra fazer mascate. Quando pai saía, eu, minha mãe e meu irmão ficava triste, mas eu fazia armadilha pro passarinho. Às vezes pegava, às vezes não. Quando não pegava nada, era tristeza, às vezes eu chorava, pois sei que a mãe contava com isso. Quando meu pai vinha de canavial era maior alegria, ele trazia muitas coisas boas pra comer, e comprava chinelo, roupa pra mim e meu irmão, a gente ia pra cidade e fazia bastante compra no mercado.

Sempre foi assim a partir daí, ele ia e vinha, ficou trabalhando muito tempo, mas não era sempre que levavam pra trabalhar só na colheita. E eu era criança feliz, apesar de não ter nada, dormíamos em tarimba sem colchão, fogo era no chão, gastava só com a comida. Vivemos muito tempo naquele lugar. Como meu vô exercia atividade de pajé/rezador, batizava criança, fazia reza, remédio naturais, e não cobrava, em troca ele recebia algo como: carne, peixe, entre outras coisas.

Casa de reza no modo de viver

Temos que ter a casa de reza na nossa aldeia, para fortalecer nosso viver.

Muitas coisas estão acontecendo aqui na terra, por isso precisamos da casa de reza, pois desde que nascemos já nascemos na vida espiritual.

Quando nós nascemos os rezadores nos batizam e nos dão nosso nome sagrado, onde nossos mais velhos adquirem a sabedoria do nosso Deus.

Nossa aldeia tem que ter casa de reza, pois lá adquirimos sabedoria dos mais velhos sobre nosso viver: sobre a mata, animais, agricultura do nosso modo.

Para nós a casa de reza é vida, continuação da nossa existência e do nosso espírito. A casa de reza fortalece o nosso modo de viver, e através disso o espírito fala com a gente, escutamos bom conselho através do nosso Deus.

O aviso chega através do espírito da floresta, do espírito vento, do espírito relâmpago, do espírito da aguá, por isso devemos engrandecer a nossa casa de reza.

Opy'i nhadereko

Opy'ima jareko wa'erã nhande rekohape nhamombarete hawã nhandereko.

Opa mba'e oiko va'e ko yvy'apere oikotevê opy'ire, mamo'gwi nhande va'e nhande'renhoîma teko angá revê.

Araka'e nhande'renhoî opitai va'e (chamoî kuera) nhande mongaraî ome'ê nhandeve nhande rery marangatu, mamo chamoî há chary'i kuera onhemo'arandu tupã revê.

Tekoha oreko va'erã opy'i, ikatu hawâ upepe nhanhemo'arandu teko'régua, kaagwy'regua, mymba'regua, kogue'regua nhande mba'e teeiva'e.

Nhandeve opy'i há'e teko ikatu hawâ jaikovei nhande angã. Opy'i omombarete nhande reko, angá kuera ijayvu'a nhande ndive, upepe nha'hendu nhe'e porã tupã'gwi.

Pe nhe'e ova'hê angá kaagwy rupi, yvytu rupi, ara tiri rupi, yjara rupi, upegwi'ma nhamomba'e guassu vaerã opy'i.

Jaipapa
Vamos contar

0 - Mbaere
1- Peteĩ
2- Mokoĩ
3- Mboapy
4- Irundy
5- Pó
6- Póteĩ
7- Pókoĩ
8 - Póapy
9- Pórundy
10- Pá
20- MokoĩPa
40- IrundyPa
50 - PoPa

Com letra Y

Y: água
yvy jara: dono da terra
yvyrá'á: frutos
yvoty: flores
yvytu: vento
ymá: tempo atrás
ysyry: riacho

Dias da semana

Domingo - Avateĩ
Segunda - Avakoĩ
Terça - Araapy
Quarta - Ararundy
Quinta - Araapo
Sexta - Arapoteĩ
Sábado - Arapokoĩ

Nha Porandu Haguã (para perguntar)

Mbae'ere? - O que disse?
Mbaeicha? - O que?
Araka'e? - Quando?
Mba'ere? - Por que?
Mbovy? - Quantos?
Mbaerã? - Para quem?
Ex: Araka'e Rejuta? - Quando virá?

Arajere Rehegua
Estações do ano

Primavera - Arapoty
Verão - Arahaku
Outono - Araroguekui
Inverno - Araro'y

TIAGO PỸN TÁNH DE ALMEIDA
NENGA AG KÃME
(História dos Donos da Floresta)

ẼG TY ẼG JIJI TO
(Kaingang)

Inh jiji hã vỹ Tiago Pỹn Tánh de Almeida he mũ, tỹ inh sóg ga tỹ Apucaraninha tá ke jé hã tá inh mur kg hã tá móg, kỹ inh hã tá mog kỹ prũg qé, inh kósin fag vỹ rẽgre jé inh jóg jóg vy tã Pyn Tánh Nïgti, hãr ti tã Kanhgág ag jãma ti tá Ty un kófa Jani, kã sir inh ny fi vã inh mã ti jiji fi jani, ã ty jykrën ti ky fi tóg kófa ti ni ha he jani, kã fi tóg ü vy tóg ti jiji ti tu ky tïg mu ha he jani, ken jé ti kãnhmar ter mu ha, he ja fi tóg ni.

ẼG TY ẼG JIJI TO
(Kaingang)

Meu nome é Tiago Pỹn Tánh (cobra verde) de Almeida, eu moro na Terra Indígena Apucaraninha, nasci, cresci e me casei lá também. Meu avô se chamava Pỹn Tánh, e como ele era o mais velho na aldeia, aí minha mãe decidiu fazer uma homenagem a ele.

Porque elas pensaram que alguém tinha que continuar com esse nome, porque ele era muito velho e não ia viver por muito tempo. En-

Kã fi tóg sir inh my vẽnh jiji tag fig mü sir, ëg ty ti mi ëkrég e jé. Ũ fi vỹ ty Mayte Kufẽn de Almeida jé, kar kỹ ũ fi vỹ tỹ Heloine Ynae Fẽn'ja de Almeida he mũ, jãvo inh prũ fi jiji hã vỹ Ivani Kóreg Jẽ Felisbino he mũ. Inh jamã tỹ Apucaraninha hã tá inh 1º ano mré 4º ano tỹ Pré tá ke ran, kar kỹinh 5º ano tỹ fundamental ran sir, tá vẽnh ránrán jẽ ki inh 9º ano ran, kar kỹ inh, inh jamã tỹ Apucaraninha tá sir 1º ano mré 3º tỹ ensino médio ran sir.

Hãr inh sir vestibular tãg tũ han, hãr inh, Ki knóm tũ ni e ti, hãr inh, inh sỹ ran vẽnh krãgrakuki ksóm kỹ inh sir ciclo ran UEL tá kar kỹ inh, inh sỹ ciclo ran kar ky sir Geografia ran, hãr inh prỹg Pir kã, jé ver.

Kãr inh kurã kar ki Apucaraninha tá jê kỹ vẽnh ránrán kati e jani UEL ti mi, kỹ inh krónh ke jani, inh sỹ kurã kar ki tá jé kỹ vẽnh ránrán kati en kỹ, hãr inh sir ẽma tũ Londrina mi ẽmãn kã tĩg ja ni, kỹ ti sir inh mỹ kãnh vỹ e ja ni, inh vẽnh rá tĩ.

tão me deram esse nome para fazer homenagem a meu avô.

Tenho duas filhas, uma se chama Maytê Kufẽn de Almeida e a outra se chama Heloine Inae Fẽn'ja de Almeida, minha esposa é Ivani Corigjẽ Felisbina. Eu fiz do 1º ano ao 4º no prezinho em Apucaraninha, e fiz meu 5º ano ao 9º ano no Apucaraninha também e meu 1º ano ao 3º ano também fiz no Apucaraninha.

Eu fiz três vezes o vestibular, mas não passava, mas na quarta tentativa eu consegui passar, então fiz o ciclo intercultural de iniciação acadêmica na Universidade Estadual de Londrina, depois do ciclo geografia e estou no primeiro ano do curso.

Meu deslocamento era muito cansativo, vinha estudar todos os dias de Apucaraninha pra UEL, então eu cansava muito, resolvi morar em Londrina, aí facilitou muito para mim meu estudo.

Nẽn'ga Ag Kãme

Prỹg tỹ 2012 kã inh, Tiago Pỹn Tánh Nókag, Cóje Kar kỹ A'yn mỹ ag tóg jag nẽ mré vẽ mén já nĩn tĩ. Kỹ ag tóg um nỹ ẽg jỹkre tỹ tar e mãn jê he ja nĩgtĩ Kanhgág ag jỹkre tỹ.

Kỹ ag tóg sir pãri han jani, kófa ag mré ag tóg ki kanh rãn ja ni sir, kỹ ag tóg sir vẽsióki rãn um sir pãri ti kura ũ ki. Pãri ti vy ty pirã kugmi jãfã ni, ẽg ty pãri han ti ky ẽg goj kãki han ti, vó kaki eg tóg han ti pãri ti, hãr ẽg, ẽg ty han ke ti jo pó vãvãm ven, tĩ ty sĩ e ja ty ẽg sir pãri ti sãg tï. Ẽg jave ag vy egkrẽnh mré vim ke mun e jani, ká ag pãri ti han e jani ag ty pirã génh ti jé.

Kỹ ag tóg sir kar kỹ grupo han mu sir, kỹ ag tóg ag grupo ti mỹ nẽn'ga he já ni , kỹ prỹn tỹ 2015 ka grupo nẽn'ga ag tóg sir Brasilia ra mũ mu sir ATL ra, ag direito jag fỹ rũgjũ jé, hãr ag tóg prỹn tỹ 2015 tag ti ka jagã mi mũ um Apucaraninha tá povo ag kuju vỹ ag to jũgejũ he ja ni, grupo nẽn'ga ti tỹ ag tóg tũ e sór mág ja ni, hãr ag tóg kronh kronh ke já tu ni, g era ag tóg ãjag povo ag jag fỹ jug junh um jani Brasília ti ra, ag tỹ ãjag to jũgjũ mu ra.

Hãr ti prỹg tag ti ka ATL ti tá jagã kutẽ, Porisa ag tóg kainhgág ag kỹgrẽn ja ni, ag pin ja ag tóg ni, bala tỹ morasa tỹ, eg grupo kãki ke ũ ag pin ja ag tóg ni, ti ha vy tỹ Nókag

História do Nën´ga

No ano de 2012, eu, Tiago Pÿn Tánh, com Laercio Nókag, Cristiano Cóje e Anilton A´yn mÿ, conversamos para revitalizar a nossa cultura Kaingang. Então, fizemos Pãri com os mais velhos, para aprendermos com eles como fazer. Fizemos com as crianças também e assim aprendemos a fazer sozinhos. O Pãri é uma armadilha de peixe, nós armamos dentro da água em uma corredeira, mas primeiro jogamos pedras lá em cima nos dois lados e vamos diminuindo até armar o Pãri. Os nossos avós só viviam de caças e pescas, então eles faziam sempre essa armadilha para pegar peixes.

Assim, decidimos montar um grupo e chamamos de Nën´ga. No ano de 2015 o grupo Nën´ga foi a Brasília para o ATL – Acampamento Terra Livre, lutar pelos nossos direitos. Nesse ano de 2015, nosso grupo passou pela fase mais difícil, a maioria do povo de Apucaraninha estava brigando, querendo acabar com o grupo Nën´ga, mas o grupo não desanimou e mesmo assim lutamos pelo nosso povo em Brasília.

Lá em Brasília, no ATL, foi muito ruim, os policiais bateram em vários indígenas, atiravam com bala de borracha, alguns de nós fomos

je kara kỹ Ivam, hãr grupo Nẽn´gá ag vỹ karonh karonh que jã tu ni, gera ag vãsãn sãn ja ni ãjag mỹ jagã ra, kỹ vã hã grupo Nẽn´gá ag jiji vỹ tãmĩ tĩg sir, vãha ag jiji vỹ tar e ja ni, ag ty jũg jũnh mũ jã ti ki kỹ ag sir tãmi ag jéke e jani movimento, protesto mi, kar kỹ evento tỹ hẽn ri ke mi.

Kỹ ẽg ũri, eg jave ag tỹ eg ki rĩm rũr natĩ ẽn ki kanh ró nãtig ti eg mu ja kar mi, eg tỹ tỹg tỹnh kar ki ag eg ki rĩg rũr ti. Eg jave ag.

atingidos: Laercio Nókag e Ivam. Por termos lutado apesar da violência, o nome do grupo se espalhou por todo lado e ficou ainda mais forte. A partir daí, o grupo foi convidado para ir a vários movimentos, protestos e alguns eventos. Hoje nós sabemos que os nossos ancestrais sempre cuidaram de nós, quando cantamos e quando fazemos nossos rituais, eles estão sempre junto conosco.

Kaingág ag vỹ vãsỹ vênh gég mũn e ja nũg tũ. Kỹ ũ ag vỹ Rio grande do Sul ra Pĩg tõ ja nũn tũ, hã ra Kamhgág ag Ké ag vỹ ki Krãg Krãg he ja ni. ha ra, rá kutu ãg bã vỹ Pĩg tõ mág ja ni, Kỹ ra rag ag vỹ ki Krag Krag he ja ni, Kỹ ũvu rá kutu ãg vỹ ẽg jãma ti tá Pĩr tig tũ.

Muitos anos atrás os Kaingang entraram em conflito entre eles mesmos, então alguns deles foram para o Rio Grande do Sul e outros ficaram aqui. Com isso, muitos Kairu (rá kutu) foram embora e ficaram muitos Kamé (rá joy). Hoje, os indígenas de marca Kairu são muitos na Terra Indígena Apucaraninha.

Vãsã ũ ty vẽnh rá ri ke vy jag nẽ mré na tũn e ja ni, ẽg jave ag vy ag mã ajag ty, ajag ty rá ri ke ag mré na kã ajag tóg ter mé ran ke mu he ja nĩgti, kã ẽg si ag vy sir ag ty ajag my ge he ti mẽg e jani, ajág jógjóg ag ty ajag my ge heti, hãr ũri ke ag vy hãn man tũ ninti hã, ag jóg ag ty ajag my nén to hãn tũm ni he mũ ti, gera ag tóg ag rá ri ke ti mré nygna e mu rã, ũri Kanhgág ag jykre tag vy tũg mũ hã.

Ger ẽg jóg ag ty ẽg my ge he tág ti ty, ty vẽnh ó ra ẽg tóg han enh ke mu, gen ra ẽg tóg han tũ nigti.

Antigamente as pessoas da mesma marca não se casavam umas com outras, os mais velhos falavam que se elas se casassem com a mesma marca não iam viver por muito tempo. Aí os mais jovens respeitavam esse conselho dos avós, que era sagrado a marca Kamẽ e Kairu, mas hoje os jovens não respeitam mais esse ritual, eles estão se casando agora com a pessoa da mesma marca, hoje sumiu esse ritual Kaingang, mesmo sabendo que não é verdade esse conselho, temos que respeitar, mas não respeitamos mais.

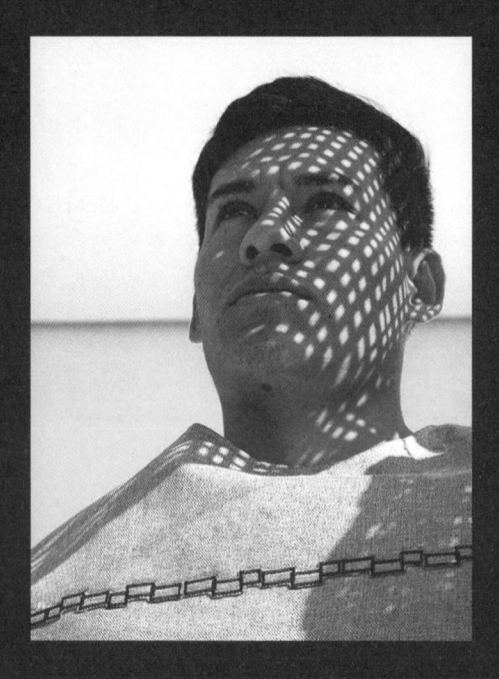

UERIQUE G. MATIAS
DJATSU PORÃ

CHERERY ARAHAVA
(Guarani)

Um dia não, talvez
um sonho que lembro dos
antepassados,
nossas vidas
nossas jornadas,
que nunca foram esquecidas,
porque ainda traz espiritualidade
Muitos sangues,
massacre que quase nos exterminou
Assim nasceu o amanhã,
que me encontrou
me despertou para sonhar
e então eu vi uma nação
que lutou e resistiu
pelo seu território

Como eu queria estar lá
junto com eles
lutando, ouvindo e resistindo,
então eu adormeci junto com
Nhanderu e ele me disse:
– Guerreiro, assim que você acordar
você vai sentir o indígena Guarani
que vai se tornar
O surgimento de um novo Juricaba
Mas como me tornaria esse
guerreiro sem voz,
sem força e imaginação?
E minha cunhã me falou:
– Meu filho, vai e siga em frente
que irá conseguir
porque você é um guerreiro que
nem os seus
Eu acordei sabe onde, mãe?

Na Universidade
em um sonho que não quero
acordar
e me perder e sim me achar
fui naturalmente privilegiado por
ter um sangue puro
por ter uma nação
ter um nome
qual é o seu nome?
DJATSU PORÃ
O que significa?
Você vai saber
porque eu trouxe um povo
guerreiro
trouxe uma presença
Quem são?
Adivinha!
São aquele que vocês mataram,
estupraram, massacraram e
colonizaram

Os povos originários
Uma nação que veio para ficar
que já estava aqui muito antes de
você pisar nessa terra,
e você está prestes a ver a realidade
de uma nação mais forte do que
aquela que você tentou matar e
exterminar
e ainda sonha
agora vou te responder
sou indígena
sou Guarani Nhandeva
sou guerreiro
e quer mais?
meu nome que meus antepassados
me deram
DJATSU PORÃ - LUA BONITA
que você nunca vai acabar
porque esse nome traz milhares
de guerreiros que lutam

Sou resistência

Indígena, por muito tempo falaram, mataram, discriminaram. E tentaram sumir, sumiu um povo, uma terra, uma história, será? Onde está, naquela terra, naquela canoa, naquela imagem? E por que ainda falam daquele tempo e persistem em dizer: índio, pelado, no mato.
Tenho uma péssima notícia para você, sabe aquele pé de mandioca que você tirou, lembra? Sabia que ele tem uma raiz, sabia que ele vai crescer, que vai dar mandioca? Então você se enganou, sabe por quê? Aquele índio que você se esqueceu, ele ressurgiu lá da raiz, ele deu fruto, ele está aqui e está forte, ele resiste. Sabe quem é?
Sou indígena, sou Guarani Nhandeva.
Sou universitário e vou continuar resistindo
Porque meu povo resistiu por mim
Nossa luta é com a caneta.
Diga ao povo que avance, e avançaremos!

Tirape

As trajetórias nas vidas indígenas
guerreiros pela luta em não desistir
para união em resistência
vai existir através das lutas de
guerreiros fortes
mas ainda com pouca visibilidade
preocupa a falta de
reconhecimento
para poder construir a visibilidade
para poder expressar as vivências
indígenas
resistência com nossos amados
no amanhã com nossos
antepassados.

UERIQUE G. MATIAS

DEMARCAÇÃO JÁ
DEIXA O ÍNDIO
DEIXA O ÍNDIO
DEIXA O ÍNDIO
LÁ
DEIXA O ÍNDIO LÁ
DEMARCAÇÃO JÁ!

VALÉRIA LOURENÇO JACINTHO
TXERERI NIMBOAWI – TXERE'YI RETA, NHANDERECO

CHERERY ARAHAVA
(Guarani Nhandeva)
O NOME QUE CARREGO

Eu sou indígena da etnia Guarani Nhandeva e vim da Terra Indígena Laranjinha, município de Santa Amélia, no Paraná. Meu nome é Nimboawy (que significa "cabelos avermelhados" na etnia Nhandeva e "a que nasceu para ensinar" na etnia Awa-Guarani). Esse nome foi dado pela minha avó no ritual chamado Nhemõgaraĩ.

Eu cheguei em Londrina para estudar juntamente com meus irmãos. Meus pais também vieram para nos ajudar com a adaptação na cidade grande. Mais tarde eles retornaram para nossa terra, eu e meus irmãos ficamos na difícil batalha de vencer a trajetória estudantil. Não foi fácil e não está sendo fácil essa vida fora da aldeia. Mas a vontade unida à necessidade que nosso povo tem de formar profissionais indígenas nas áreas da educação, saúde e política nos dá força para continuarmos nesse caminho árduo, cheio de preconceitos, tristezas, mas também de alegrias... cada conquista, mesmo que pequenininha, é uma vitória do nosso povo.

O que me levou à opção por um curso na área da saúde foi a necessidade que os povos indígenas têm quanto a um atendimento diferenciado e mais humanizado. Quando era criança e na fase da adolescência, eu via e percebia o descaso que os indígenas sofriam por parte dos profissionais não indígenas da saúde. Isso me incomodava e às vezes me trazia um sentimento de raiva e impotência.

Confesso que o curso que escolhi está sendo mais difícil do que imaginava. Estou em uma luta travada espiritualmente, que às vezes acho que não vou aguentar tanta pressão. Nesse momento sinto uma mistura de tristeza e esperança. Eu queria ter terminado o curso no tempo certo, como todo mundo, mas tenho muitas limitações. Então fico decepcionada comigo, mas ao mesmo tempo me sinto forte, sempre tem alguém com uma palavra amiga, um gesto bondoso que cruza o meu caminho e renova minhas forças e esperanças... estou de pé ainda...

"TETÃ TEKOHA : ẼG TỸ, ẼG JYKRE TÓ, VẼSÓG KI"

**A passagem do Txondaro
para a terra sem mal**

Ontem teve guerra, houve trovões e relâmpagos,
Uma batalha de resgate foi travada
Nhanderu lutou pela alma do Txondaro, e venceu
Hoje Nhanderu molhou a terra com a chuva calma
Derramou suas lágrimas no Ywy Naraí
Preparou o caminho para a passagem
Lavou-o com sua bondade e amor
Para receber o guerreiro Txondaro
Aquele que lhe deu alegrias enquanto vivia
Aquele que lutou pelo seu povo
Aquele que estava esquecido e desprezado...

Nhanderu te recebe agora, Txondaro
Meu irmão amado... Marcio Lourenço
Guerreiro Guarani Nhandeva
Descanse nos braços de Nhanderu, meu querido
Abrace e agradeça nossos antepassados por nós...
E aqui, ficaremos até nosso reencontro.
Nós contaremos sua história e falaremos do seu amor pelo seu povo...
Nunca serás esquecido, meu irmão!

Aldeia Laranjinha

Ywy Marae'y

"Os povos guaranis caminham pelo Tapé Marae'y que os levará a Terra sem Mal."

A primeira vez que ouvi a história da Ywy Marae'y foi pela minha Tia Laura Morais (Guarani Nhandeva da Terra Indígena Laranjinha) e também pelo meu esposo Alexandro.
Toda vez que eu ouço ou leio sobre essa história, fico emocionada e sinto saudades de um tempo que não vivi...
Conta-se que nosso povo recebeu a promessa de Nhanderu (Deus), de uma terra onde não haveria mais dor, nem guerra, nem fome, nem morte...
Uma terra sem maldade. O Paraíso, Ywy Marae'y. Mas seria uma terra distante, escondida, muito difícil de achar.
Para chegar lá, os Nhandeva teriam que caminhar pelo Tapé Marae'y (caminho sem mal) no qual seriam guiados por Nhanderu...
Essa terra, segundo os relatos dos mais velhos, estaria localizada para as bandas do leste, onde o sol nasce, e tinha que atravessar o Yramoi (água grande).
Quando chegassem à beira dessa Yramoi, Tupã, que é um enviado de Nhanderu, traria uma canoa para fazer a passagem do povo.
Para alguns, se Nhanderu se alegrasse, então nem precisava chegar na Yramoi. Para esses, aparecia uma escada que descia do céu e levava direto para terra sem mal.

TXERE´YI RETA – NHANDEREKO
MEUS IRMÃOS – NOSSO JEITO

Somos um povo originário do tronco Tupi Guarani, e no meu caso, especificamente, do grupo Guarani Nhandeva. O povo Guarani está presente nas regiões Sul e Sudeste do Brasil.

Minha aldeia está localizada na região norte de Estado do Paraná e recebe o nome de Terra Indígena Laranjinha, onde residem cerca de 55 famílias da etnia Guarani Nhandeva. É uma aldeia muito pequena e, por esse motivo, muitos de nossos parentes se viram obrigados a tentar ganhar a vida nas cidades e em outras aldeias vizinhas.

Não falamos a nossa língua nativa no dia a dia, por uma questão histórica, pois nossos avós e nossos pais foram proibidos de nos ensinar nossa própria língua.

Meus pais contam que na época do SPI (Serviço de Proteção ao Índio) e depois da FUNAI (Fundação Nacional do Índio), os funcionários "chefes de postos", as autoridades das cidades e até a própria população não indígena, proibiram nosso povo de conversar na língua. Todos os indígenas que desobedeciam eram punidos e discriminados. Diziam que nossa língua e o Nhandereko (nosso jeito de ser) era feio. Zombavam da nossa cultura (ainda fazem isso, infelizmente). Hoje estamos num processo de retomada não somente de nossas terras, mas também do regate da nossa língua nativa e o Nhandereko (nosso jeito de ser). Houve um tempo em que tudo o que o Laranjinha produzia, o SPI, a FUNAI e até os posseiros (homens que invadiam as terras indígenas) roubavam, tornando a vida para os indígenas muito difícil.

Quando eu era criança, lembro que os mais velhos sempre falavam de um tal de "trabalho no projeto". Era um trabalho de cultivo de algodão, milho, feijão, e outros... onde se fazia um coletivo para cuidar da manutenção e colheita da roça. Lembro que minha infância foi um período de escassez e necessidades. Não tínhamos condições de comprar comida e muito menos roupas e sapatos. Comi muito feijão velho "carunchado".

A comunidade plantava. A comunidade produzia. Mas mesmo assim passavam muitas necessidades. O que acontecia então? Para onde ia a colheita? Para onde ia o dinheiro?

Meu pai conta que acabaram descobrindo muita coisa errada que naquela época os chefes de postos e posseiros praticavam. Eles se apropriavam da terra e da produção e davam miséria para a comunidade. Raramente davam pagamentos em dinheiro. Faziam uma mísera cesta básica que de básica não tinha nada e o povo era obrigado a se contentar com aquilo e "ai" de quem se rebelasse ou reclamasse. "Índio esperto", diziam as pessoas do SPI e os posseiros. Muitas vezes os próprios posseiros eram funcionários do SPI e da Funai, davam um jeito de nos calar. Então a produção do Laranjinha e de outras aldeias vizinhas ia tudo para outros estados, para os cofres do governo e para os bolsos dos posseiros. Viveram assim por muitos anos, num tempo que dominava a ditadura, sendo calados e oprimidos.

Em meio a tanta opressão, existia uma coisa que até hoje nos inspira. O sentido de coletividade e união que formava a resistência do nosso povo. Quando o povo se unia e se reunia de verdade, eram capazes de conquistas muito importantes para nossa terra. Existia mais amor e coletividade entre nosso povo naquela época.

Nesse período, despontaram várias lideranças na nossa aldeia, para combater a opressão e nos tornar protagonistas da nossa própria história. Lideranças que lutaram pelos direitos que hoje o Laranjinha usufrui. Lideranças antigas, que hoje não estão atuantes por serem velhos e alguns já terem feito a passagem para a terra sem mal. Outros, por perseguições políticas, muitas vezes são desprezados, esquecidos e maltratadas por nós, pois muitos de nós esquecemos nossas histórias. As nossas histórias de lutas. Nos tornamos arrogantes e maldosos com nossos mais velhos. Fomos cegados pela soberba e pelo individualismo. Não damos o valor que essas lideranças realmente merecem. Esquecemos que a vida é passageira e que não teremos tanto tempo para honrá-los e respeitá-los, aproveitando para colher toda a sabedoria que eles têm para nos passar, para que não percamos nossa identidade.

Entre essas lideranças, esteve meu pai Mario Jacintho, Bertolino Rodrigues, Marcio Lourenço, Albani Jacintho, Mario Raulino Sampaio, Avó Lica (nossa grande líder espiritual), Sebastião Mario Alves, Seu Luiz, Nicolau e tantos outros... Essas lideranças passaram por momentos difíceis para garantir nossos direitos. Muitas vezes viajaram para os movimentos de reivindicação, sem nenhum tostão no bolso, passando fome e frio e enfrentando até ameaças de morte. Tudo por amor à causa indígena e à luta por melhores condições de vida para o nosso povo. Entre as reivindicações estava sempre o direito à terra (território), educação e saúde.

Toda essa luta nos trouxe até aqui, nos colocando nos bancos das Universidades e nos fazendo protagonista da nossa história. Ressalto aqui que o acesso ao ensino superior é uma questão de justiça. O direito à educação é uma dívida histórica que o governo brasileiro e a sociedade têm com os povos indígenas. Que fique bem claro, isso não tem a ver com privilégios ou regalias. Isso é direito nosso...

Nossa luta não tem trégua. Nenhuma de nossas conquistas veio de graça. Estamos pagando com sangue pra termos o que sempre foi nosso. Estamos constantemente tendo que reafirmar e reivindicar nossos direitos ante a sociedade e esses governos tiranos, que insistem em nos diminuir e nos roubar, disseminando ódio e preconceito contra nosso povo. Nos veem como "estorvo" no campo/florestas e nas cidades. Com suas mentiras, ameaçam constantemente nossa sobrevivência. Querem nos reduzir a "nada".

Por isso trazemos no nosso sangue e na nossa alma o espírito guerreiro de nossos txamoi, txaryi e de nossos txondaro. Eles nos inspiram e revigoram nossas forças aliadas a esperança e fé em Nhanderu (nosso Deus), de que um dia iremos chegar na Ywy Marae'y, onde não existirá a maldade do homem. Mas enquanto isso, vamos sendo resistência.

A Tekoha Naraí (Terra Indígena Laranjinha) é a minha terra. É para onde eu posso correr e me esconder quando a pressão aqui na universidade me assola. É onde recarrego minhas energias e me aproximo de Txeru (meu Pai - Deus). É onde está minha felicidade, a minha família e meus antepassados. Não sei o que Nhanderu está me preparando, mas onde ele achar que serei útil, então ali estarei. Espero que Nhanderu me capacite e me conceda tempo e humildade para ajudar a aliviar a dor, tristezas e curar e se for possível todos os que precisarem de mim. E que capacite os companheiros que iniciaram esse curso tão sublime. Para podermos trabalhar juntos em benefício da vida do nosso povo.

Nhanderu nos trouxe até aqui!

Medicina

Profissão (dom) tão linda...
É um chamado...
Mas conheci um lado arrogante e cruel com o que é diferente e considerado inferior.
Distorcem o sentido dessa profissão que, ao meu entender, deveria ser usada para servir e aliviar a dor do próximo, tanto física como da alma.
Hoje entendo que nem tudo ali dentro é para o bem. Existem pessoas muito soberbas em sua própria inteligência e cruéis com aqueles que elas acham que é inferior à sua "classe".
Tão cruéis a ponto de matar os sonhos dos próximos (se assim o puderem!).
Me apego com Nhanderu (Deus) para sobreviver essa batalha, pois meu objetivo queima dentro de mim como luz...
Para o registro histórico, nós sobrevivemos!

Ano 2019

Numa madrugada de junho, perco o sono e o pensamento voa. Ecoam gritos ancestrais. Gritos de memórias da luta de um povo. Acho que é a história pedindo para ser contada. História triste e dolorosa. História de resistência de um povo que sobreviveu a todos os tipos de atrocidade cometidas pelos Wypory (homem branco). Em nome de um maldito "progresso".
Eu choro nesse momento. Então me atrevo a escrever...
A pergunta que não quer calar:
Por que o colonizador esconde parte da verdadeira história do Brasil?
Por que a história é contada de forma que exclui o protagonismo dos povos indígenas?
Em minha pouca sabedoria sobre as lutas dos povos indígenas posso afirmar.
Em nome da ganância e maldade dos Wypory, o nosso povo foi desclassificado e considerado como "nada".
Os Wypory sempre quiseram se apossar daquilo que não lhes pertence, levando mortes e destruição em tudo que tocam...
A invasão do nosso território e a expansão do modo de ser do não indígena aconteceu em cima da destruição da nossa cultura.
Sempre existiu por parte do governo, apoiado pela maior parte da sociedade brasileira anti-indígena, um projeto de extermínio dos povos indígenas.
Inventaram e disseminaram grandes mentiras contra nosso povo (isso ainda acontece). Dizem que somos atrasados e que atrapalhamos o progresso.

"TETÃ TEKOHA : ẼG TỸ, ẼG JYKRE TÓ, VẼSÓG KI"

Dizem que não trabalhamos, que não plantamos.
Dizem que não produzimos nada.
Dizem que temos muita terra.
Dizem que recebemos salário da FUNAI, e que é uma grana "preta".
Dizem que não contribuímos com a economia do país.
Dizem que não contribuímos com a evolução e o desenvolvimento da sociedade.
Dizem que somos canibais.
Dizem que somos preguiçosas, vagabundos e alcoólatras.
Dizem que só andamos de "caminhonetona".
Dizem que temos regalias e que queremos demais.
Dizem que ao usar roupas, celulares, ter carro, deixamos de ser indígena.
Essas são algumas das mentiras que contam pra sociedade.
Muitos acreditam, e pior, sabem que é mentira, mas continuam disseminando esse discurso de ódio e preconceito, simplesmente por pura maldade.
Prejudicando a imagem de um povo que sofreu e ainda sofre a perda de seus territórios.
Em nome do progresso fomos expulsos de nossas terras.
Invadiram nossas casas.
Queimaram nossas florestas.
Nos proibiram de falarmos a nossa língua.
Tentaram nos escravizar.
Assinaram nossos pais e nossas crianças e nossas mulheres (fazem isso até hoje).
Perseguiram nossas lideranças.
Corromperam alguns de nossos irmãos.
Disseram que não éramos humanos.

Dizem que não somos brasileiros, levando nossos jovens a lançar mão do suicídio para aliviar a opressão e desesperança.
Wypory estão doentes de poder e ódio, falta-lhes humanidade. São soberbos e arrogantes e se acham superiores e outros povos. São movidos pelo acúmulo de riqueza e poder...

Ano de 1976

A ditadura ainda era presente no Brasil.
Um Wypory (homem branco) chamado Maurício Rangel Reis, na época ministro do interior do Governo Geisel, afirmou durante a construção da Transamazônica:
– O índio não pode impedir a passagem do progresso. Dentro de 10 a 20 anos não haverá mais índios no Brasil.
Nossa resposta hoje à sociedade e a essa fala desse homem é:
– Apesar de tudo, nós sobrevivemos e resistimos. Somos semente que Nhanderu plantou e renascemos mais forte do que nunca.

"TETÃ TEKOHA : ẼG TỸ, ẼG JYKRE TÓ, VẼSÓG KI"

Cada um tem seu tempo...
Por isso serei
Leve como

Sei que por Deus
O meu tempo também chegará!
Nimboawy

TEREÓ NHANDERÚ REWÉ
– Vai com Deus!

PEPYTÃ NHANDERÚ REWÉ
– Fica com Deus!

Não vim para falar,
Mas não vou voltar sem antes dizer
o que sinto...

– AMO NHANDERU!
– AMO MINHA FAMÍLIA!
– AMO MEU POVO!
– AMO MEU CURSO!
– AMO SER INDÍGENA!
– AMO A CUIA!

Resistência Guarani Nhandeva

"TETÃ TEKOHA : ẼG TÝ, ẼG JYKRE TÓ, VẼSÓG KI"

Depois que assumimos nossa identidade,
A gente pega a luta e começa a defender a causa indígena...
A nossa causa!
A nossa luta!

NIMBOAWY
Dois significados:
Que nasceu para ensinar
Cabelos vermelhos

Apesar de tudo,
– Nunca se esqueça de quem você é...
– Nunca se esqueça de onde você é...
– Nunca se esqueça do verdadeiro objetivo que te trouxe até aqui!
IPORÃ ETE AGUYDJEVETE!
(gratidão a tudo)

"EMBO´É MITÃNGE
NHANDÉ REKO YMÃ
GUARÉ
A´ERÕ DJAREKÓ WAÉRÃ
MBARIE´Ỹ
DJOPYA RAMĨ
NHANDEREWE
NHANEPYTYMÕ AGWÃ!"

"Ensine as crianças a verdadeira história indígena
E no futuro terá um exército lutando pela mesma causa."

(Tradução Laura A.M.)
GUARANI NHANDEVA

Disseram:

Por que você escolheu esse curso? Poderia ter escolhido outro que tem mais a ver com você... Esses "índios" estão sonhando muito alto...
O seu perfil tem a ver com aquele curso e não com esse que você escolheu...
Isso não é para você...

Respondi:

Isso é a sua opinião, você não faz ideia do que me trouxe até aqui...
Então te digo:
Pequeno pensa você...
Por que não posso?
Por que sou "índio"?
Por que você me acha incapaz e me considera de baixo?
Por que tem medo do que eu possa me tornar?
Tem medo do que eu possa vir a conquistar?
Suas palavras de desprezo, desmoralização, negatividade e preconceito são combustível para que eu consiga alcançar o meu objetivo...

Você não faz ideia da força que carrego dentro de mim!

Às vezes bate o desânimo
Às vezes até bate a dúvida...
Às vezes me pergunto:
– Meu Deus, o que estou fazendo aqui?

Que saudade da minha casa,
Que saudade da minha família,
Que saudade da minha terra...

Mas o desejo de alcançar a vitória
ainda é maior que o sofrimento que tenho que passar aqui!

"TETÃ TEKOHA : ẼG TỸ, ẼG JYKRE TÓ, VẼSÓG KI"

NHANDEREKÓ

Nossa história
nosso jeito
nosso modo de ver

Grafismo guarani para
luta e resistência

VALÉRIA LOURENÇO JACINTHO

YWY MARAE'Y

Terra sem mal

Grafismo "Demarcação já!"

"TETÃ TEKOHA : ẼG TỸ, ẼG JYKRE TÓ, VẼSÓG KI"

Nossas memórias
Nossa história;
Muitas gerações!

VALÉRIA LOURENÇO JACINTHO

OWERÁ, OWERÁ
TAPÉ RUPI AIKÓ YWY MARAE'Y

Brilha mais e mais
Caminha para o céu, a terra sem mal

Andarás por terras onde passei
E lutarás por ela como lutei
Porque está aqui tua raiz
E falarás a eles:
– Essa terra tem dono!

(autor desconhecido)

OGUATÁ WA´ERÃ YWY RUPI,
TXEÉ ATXÁ WA´EKUÉ,
ODJIGUÉRO´A WAÉKUÉ
KÓ APY NHANDÉ RAPÓ RAMI OIKÓ
A´ERÃ AIPOA´É WA´ERÃ ENGUIWA UPÉ

KOWA YWY IDJARY OGUÉROKÓ!

(Tradução Laura A.M.)
GUARANI NHANDEVA

ÓPAMA
(fim)

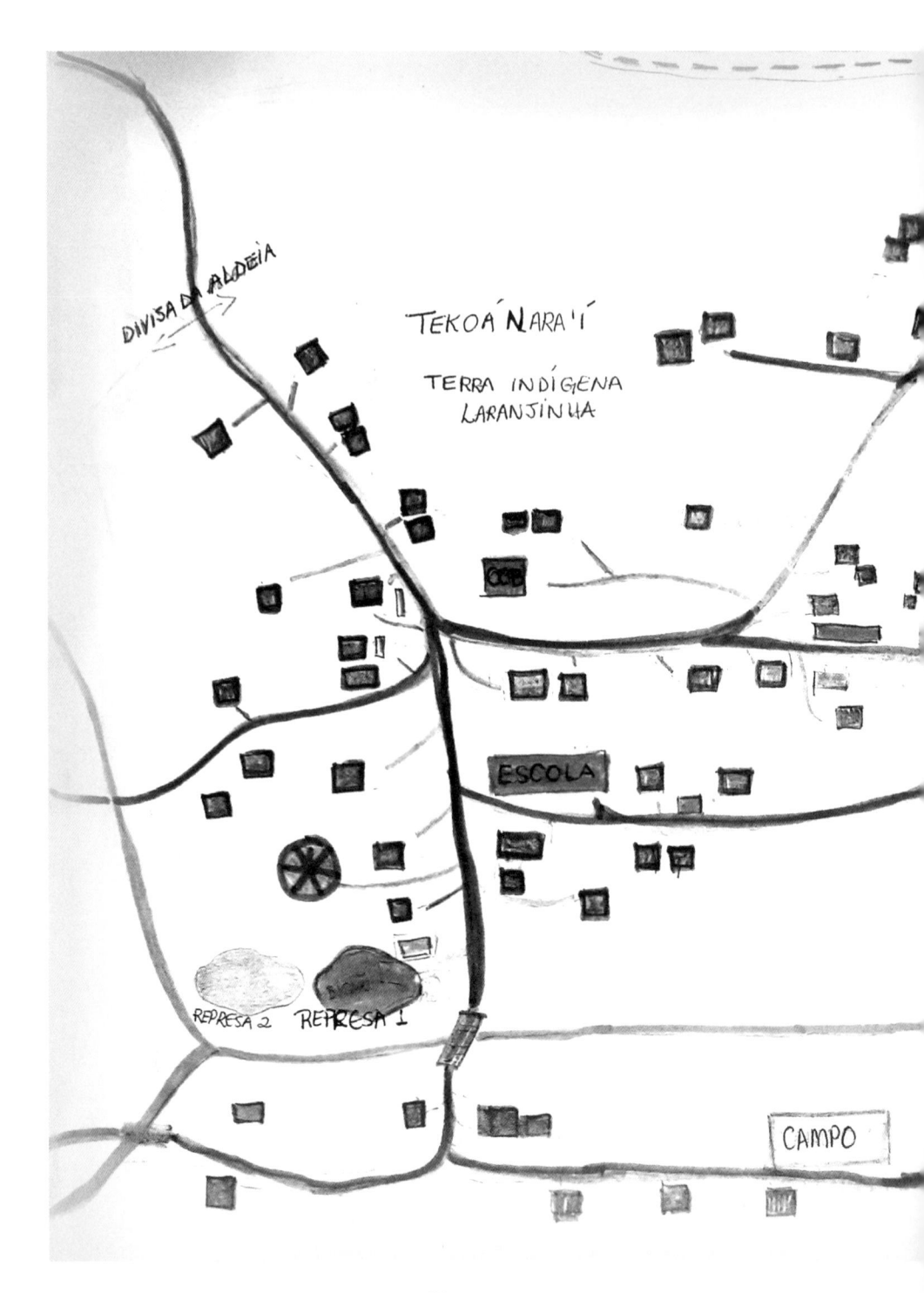

"TETÃ TEKOHA : ẼG TỸ, ẼG JYKRE TÓ, VẼSÓG KI"

TEKOÁ NARA'Í

TERRA INDÍGENA
LARANJINHA

DIVISA DA ALDEIA

ESCOLA

REPRESA 2   REPRESA 1

CAMPO

CFAA

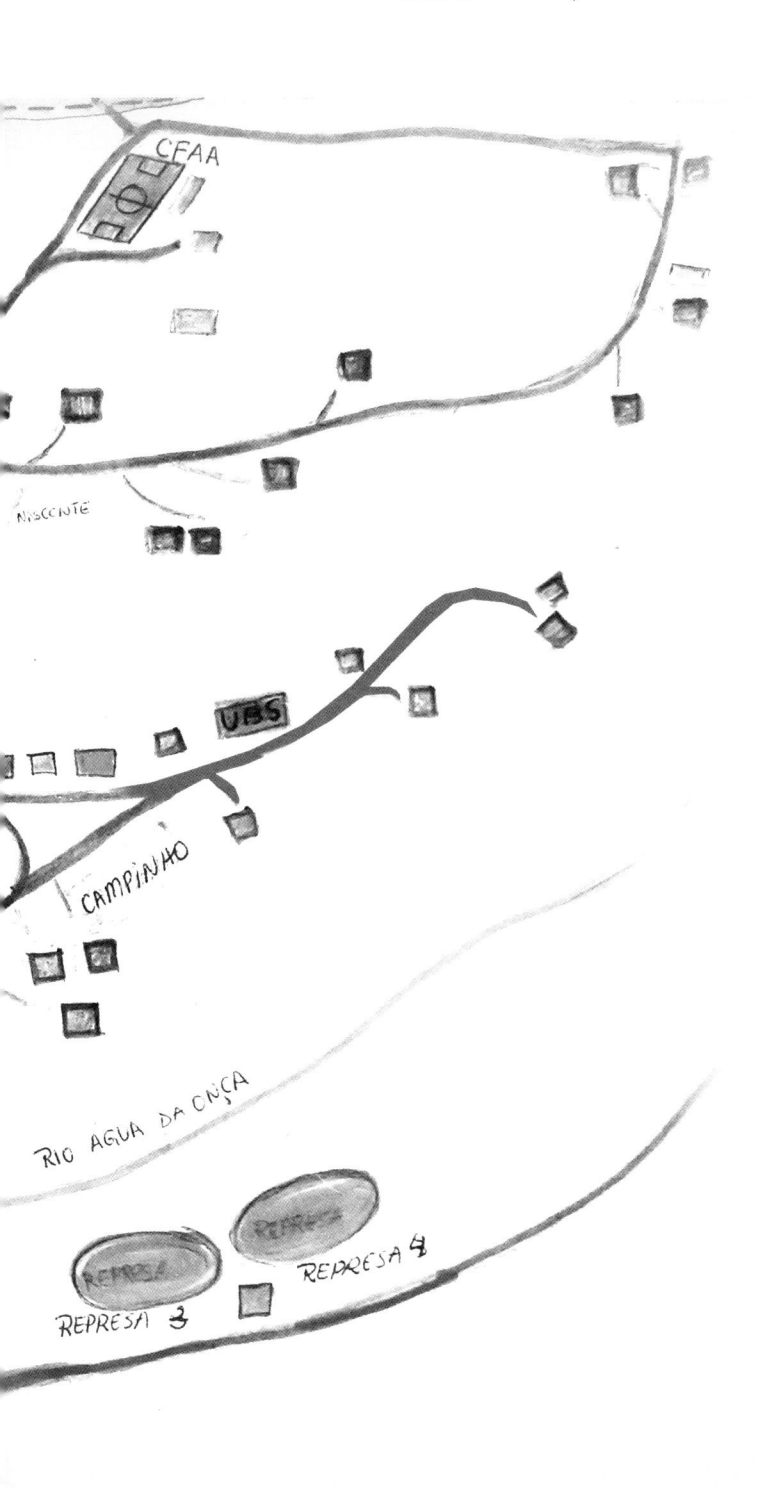

NASCENTE

UBS

CAMPINHO

RIO AGUA DA ONÇA

REPRESA
REPRESA 3
REPRESA 4

YAGO JUNIO DOS S. QUEIROZ
VIDA, SANGUE E ALMA DE UM KAINGANG/FULNI-Ô

ẼG TY ẼG JIJI TO
(Kaingang)

Não sei muito sobre o passado, ou quem foram meus antepassados, muito pouco sei sobre meu povo. Mas quem é meu povo? Nascido de uma mãe indígena, da etnia Fulni-ô, e um pai não indígena com ascendência espanhola, fui criado boa parte da vida entre os não indígenas e, na outra metade, criado sem o pai numa comunidade Kaingang. Mestiço para alguns, não indígena para outros. Mas quem sou eu? Ser o diferente pode ser legal, mas nem sempre é bom.

No dia 21 de junho de 1995, em um hospital na cidade de Nobres, no Mato Grosso, nascia mais um ser, que até este momento ainda não sabe quem é, nem tem certeza do que um dia poderá ser. Rodeado por olhares pavorosos, sou quem sou, hoje. Inspirada em um personagem cigano de uma novela de uma tal emissora, então recebi da minha mãe o nome de origem estranha. Yago Junio dos Santos Queiroz... Mas você não tem nome indígena? Ah, então você não é indígena. Sim, infelizmente o nome indígena me foi negado. A explicação dada por minha mãe é que por eu ser filho de não indígena não poderia receber nome indígena, e também seria considerado como mestiço.

Naquela época ser chamado de mestiço não era bom, ainda não é. Embaladas pela ignorância, as pessoas se deixam levar pelos rótulos criados pela sociedade assimiladora dos não indígenas. Além de não poder receber o nome indígena, naquela época minha mãe não podia morar dentro da comunidade. Anos depois, quando meu pai ficou doente, fomos autorizados a morar na comunidade, meio que não tínhamos para onde ir. Lembro-me de ter vivido junto dos meus pais por mais ou menos uns dois anos. Porém, nem tudo são flores, um dia retornei da escola e meu pai não estava mais lá. Tinha ido embora. Na época devia ter uns 8 ou 9 anos.

Nessa época já tinha aprendido algumas coisas sobre a cultura Kaingang, mas só conseguia compreender e não falar.

Hoje, 15 anos depois, começo a compreender quem sou. De onde vim e pra onde devo ir. Hoje sei que meu sangue é Fulni-ô e por mais que digam que não sou "índio", eu digo e afirmo o contrário e vou além: digo sem medo algum, eu também sou Kaingang. Sou indígena. Sou Fulni-ô. Sou Kaingang.

Trevas da ignorância

Olhares interessados puramente falsos,
Com "interesse maior".
O espelho reflete a ignorância mundana.
Preconceito ardente,
Ardente fogo.
Fogo que queima e
Mata o que mantinha vida.
Trevas, trevas, trevas,
O obscuro subjuga e
Mata o que dele não é igual.
Donde era água,
Agora só é sangue,
A cinza é o novo verde.
Terras sagradas profanadas pelo padrão,
A morte de milhões em troca do mundano.
Ódio ao invés de amor.
Dor, rancor sem nada amar.
Terra de muitas cores, mas o "branco" a domina.
Diante do "branco" o vermelho predomina,
É vermelho, vermelho do fogo,
Vermelho de sangue,
Sangue dos que "branco" não são.
A igualdade das diferenças massacra,
Massacra o que não é padrão,
E o padrão a ninguém dá perdão.
Rótulos e preconceitos,
Multidões que não se vê,
A abjeção do ser que ali está.
Povos e nações,
Macerados pela "civilização".
Objetificado pelo colonizador,
Abjetificado pelo cidadão.

O Sangue

Sangue originário sem origem,
Tratamento indiferente do singular,
Exclusão total do suposto erro fatal,
Maldição infame de amores irreal,
Mentiras verdadeiras de falsos mundos,
Mundo sem vida e sem morte,
União de guerras fugaz
Emergência sentimental, efeitos colaterais químicos.
Sentidos sem sentir o sentido,
Imortalidade da dor originária,
Glória do singular, falha do originário,
Máscaras, mil caras sem identidade,
Hipocrisia mortal da alma,
Sofrimentos mundanos que senti,
Diante da morte lutei e vivi,
Sem ti, não há diferença indiferente ao originário,
Falta da rainha eu senti e não rei,
Quiçá do príncipe, certamente pelo mestiço penei,
Dormência insana real dos sentimentos tratados como mortais,
Vida inglória da origem,
Mesquinharia pré-histórica,
Insanidade dos seres a mera diferença,
Complicado amor natural sem complicação,
Sangue irmão ao teu, sangue da maldição,
Recuperação impossível dos danos sentimentos do tempo,
Olhares venéreos da morte,
Imensidão de sangue banha minha alma,
Preferia amor e tenho,
Insatisfação originária distinção hipócrita,
Amizades verdadeiras que nunca foram verdades,
Paredes brancas do manicômio eu vi,
Multidões de ceifadores de vida senti,
Dilemas horrendos sem cor,
O sangue sem escrúpulos essencial,
Interpretação da cor, vida em preto e branco,
E a morte icônica multicolor.

Sobre o Projeto Palavra Indígena

A história dos povos indígenas no Brasil é uma história marcada pela violência e o desejo insistente de "civilização" por uma parcela da sociedade, que utiliza de um discurso romantizado de integração, sem levar em consideração aquilo que reivindicamos todos os dias, por meio de protestos, denúncias, ou até mesmo chamadas pelas redes sociais, que é O DIREITO DE SER INDÍGENA, sem ter que abrir mão dos direitos que qualquer cidadão possui.

Queremos ser respeitados, ouvidos e atendidos. Isso seria o mínimo a ser feito por esse estado que há 520 anos vem utilizando de políticas opressoras que matam, escravizam e silenciam nosso povo.

O projeto Palavra Indígena que deu origem à criação do nosso livro, foi uma iniciativa conjunta da escritora Marina Miyazaki Araujo e das psicólogas e escritoras Vivian Karina da Silva, Flávia Ângelo Verceze e da aluna indígena do curso de letras Eliane Cordeiro da Costa, que a partir de um edital do Programa de Incentivo à Cultura (PROMIC) de Londrina (PR) proporcionou a nós, estudantes indígenas da Universidade Estadual de Londrina (UEL), a oportunidade de compartilhar com outras pessoas a nossa história de vida, nosso modo de ser, nossos posicionamentos e ideais, e assim de contarmos por meio da escrita um pouco do que é ser indígena num mundo tão diferente do nosso.

Todos os textos presentes neste livro foram escritos de forma livre por nós, estudantes. Dessa forma, podemos também contribuir com a produção literária indígena que é bastante escassa.

Com a nossa espiritualidade Guarani e Kanhgág, acreditamos que as pessoas não chegam em nossos caminhos por acaso. Acreditamos que Nhanderu ou Tope (Deus) vai trazendo pessoas sensíveis, compreensivas como vocês para nos ajudar, e só o fato de compreender nossa luta, e não julgar, já nos consola. Agradecemos o tempo de vocês.

E falando no "tempo", a ancestralidade indígena é um tempo que trazemos conosco, ela pode ser carregada por outras pessoas. Acreditamos que vocês quatro, "mulheres guerreiras", trazem consigo grandes história, assim, como nós também carregamos.
Então, nesta caminhada de vocês, podemos dizer que já nos encontramos em outros momentos, em outros tempos, e a amizade carregada ultrapassa os tempos, então é por isso que nos reencontramos agora.

Obrigada Karina, Marina, Flávia e Eliane.

Acreditamos que em outro momento já fomos aliados de lutas, e hoje nos reencontramos para fazermos uma nova luta, uma que se faz por meio das escritas num livro.

Queremos dizer que participar deste projeto foi sem sombra de dúvida uma experiência prazerosa, gratificante e ao mesmo tempo um desabafo.

Deixamos aqui o nosso agradecimento às organizadoras do projeto que se dedicaram nesta missão de contribuir para o fortalecimento da nossa luta.

Estudantes universitários indígenas

Este livro utilizou as fontes Garamond e Palatino
e foi impresso em março de 2020
na Midiograf - Londrina - PR.